FLORIAN LÄUFER

Rapfen
Jäger der Flüsse

Modernes Raubfischangeln:
Hardbait, Gummi & Fliege

Bildnachweis (insgesamt 245 Fotos):

17 Bilder von **Michel Dekker** (Seiten 166, 167, 198 bis 211, 212 oben, 213);

13 Bilder von **Jan Gutjahr** (Seiten 176, 178 bis 187);

11 Bilder von **Daniel Göz** (Seiten 146 bis 155);

9 Bilder von **Torsten Stegmann** (Seiten 188 bis 192, 194 bis 196);

7 Bilder von **Jan Borek** (Seiten 124 unten, 127, 129, 132, 136, 140, 143);

6 Bilder von **Eric Vondung** (Seiten 156, 157, 159 oben, 163, 164, 165);

3 Bilder von **Timo Schneider** (Seiten 103 und 108);

2 Bilder von **Florian Meyer** (Seiten 39 oben und 41);

2 Bilder von **Thomas Kemper** (Seiten 54 und 94);

je ein Foto von **Peter Kersten** (Seite 40 unten); **Maik Lindemann** (Seite 35); **Radek Matous** (Seite 47); **Lukas Mebert** (Seite 109); **Eric Otten** (Seite 115); **Kamil Walicki** (Seite 45); **Andreas Zachbauer** (Seite 44); **Michael Zeman** (Seite 38); **Mike Zöllner** (Seite 70 unten)

Alle anderen Fotos, stammen vom Autor **Florian Läufer** (www.angelfoto-archiv.de).

Zeichnungen: **Coco Zillmann**, PIXEL, PIXEL! e.K., Bad Oldesloe

1. Auflage 2013

ISBN 978-3-942366-27-4

Internet: www.North-Guiding.com – E-Mail: feedback@northguiding.com

Facebook: www.facebook.com/Meerforellen

Coverfoto: Jan Borek

Umschlagsfotos: 3 Fotos von Florian Läufer sowie ein Foto von Daniel Göz

Umschlaggestaltung: Peter Albers und Rafaela Nimmesgern

Herstellung und Innengestaltung: Satz · Zeichen · Buch, Hamburg

Gedruckt in der EU

INHALTSVERZEICHNIS

VORWORT

„Nur ein Weißfisch" hörte ich mal jemanden mit nach unten gezogenen Mundwinkeln sagen, als es um Rapfen ging – schwer abzustreiten und sachlich richtig. Und dennoch: Wer das Wort „Weißfisch" mit einem zischenden „Pfff" aus den Lippen würzt, betrachtet die *Leuciscinae* – so ihr wissenschaftlicher Name – mit anderen Augen als all diejenigen, die den Rapfen in den letzten Jahren als exzellenten Angelfisch entdeckt haben – und das sind eine ganze Menge! Denn: Der Rapfen ist zum echten Modefisch geworden. Zu Recht! Wer meint, sie wären leicht zu fangen – mit Verweis auf „edle" Fischarten wie Hecht, Zander, Karpfen, Schleie & Co, die erst mühsam überlistet werden wollen – der irrt. Ich zumindest, hatte nach rund 20 Jahren intensiver Angelei auf die verschiedensten Fischarten ganze zwei Rapfen in meinem Fangbuch stehen, während von allen edleren Arten bereits eine dreistellige Anzahl – inklusive etlicher Kapitalen – eingetragen war. Rapfen? Ich wusste einfach nicht wie und wo. Und ich kannte auch niemanden, der mir dies hätte beantworten können. Leicht zu fangen? Das klingt nicht nur hanebüchen, das geht tatsächlich völlig an der Realität vorbei.

Gesehen hatte ich Rapfen schon mehrfach – übersehen war an manchen Tagen deutlich schwieriger. Besser: überhören! Jeder Angler, der das Schauspiel eines oberflächennah jagenden Rapfenrudels einmal gesehen und gehört hat, ist fasziniert. Und so erging es mir ebenfalls, als eines Abends in einem Altarm der Elbe direkt neben meinem Boot das große Fressen begann. Das Wasser schäumte und spritzte nur zwei Rutenlängen von mir entfernt. Kleine Lauben sprangen panisch aus dem Wasser, immer wieder sah man die spitzen Rückenflossen der weißen Jäger blitzschnell die Oberfläche zerschneiden – alles Taktik! Die Rapfen trieben die angsterfüllten Beutefische nach oben, bis die fingerlangen Opfer aus dem Wasser sprangen und orientierungslos wieder eintauchten. Jetzt brauchten die eiligen Räuber sie nur noch mit ihrem außergewöhnlich großen Maul einsammeln. Wie lange das Schauspiel dauerte? Zwanzig Minuten, vielleicht fünfundzwanzig. Danach glättete sich die Wasseroberfläche, als wäre nichts passiert. Die ganze Zeit tat ich das, was Ihnen beim Lesen der Zeilen gerade durch den Kopf ging: Ich montierte meinen kleinsten Blinker und zog ihn wieder und wieder durch den raubenden Fischschwarm. Danach die Gummifische und dann die kleinen Spinner Größe 2. Und ich fing: nix! Nicht mal einen Biss hatte ich zu verzeichnen. Zum Verzweifeln: Ein Trupp Rapfen jagte zügellos direkt neben meinem Boot und ich kurbelte den gesamten Inhalt meiner Köderbox an ihnen vorbei. Nicht ein einziger interessierte sich für mein Angebot.

Das war meine erste ernsthafte Begegnung mit Rapfen. „Pfff…, nur ein Weißfisch?" Wer an diesem Tag der Dümmere war, braucht nicht gefragt zu werden. Ähnliches erlebte ich noch einige Male und das frustrierte mich. Und wenn mich etwas wurmt, treibt es mich an.

Ich wollte, ich musste, mehr über die Fische herausfinden und sie fangen. Mit der tideabhängigen Elbe habe ich einen sehr produktiven Brackwasserfluss direkt vor der Haustür, der mir für die folgenden Jahre als Angelrevier dienen sollte. Um eine lange Geschichte kurz zu machen: Gleich im allerersten Jahr, das ich dem Fang der pfeil-schnellen Raubfische widmete, konnte ich mit meinen Angelpartnern deutlich über 300 Rapfen ins Boot bringen! Später weitete ich die An-gelei auf andere Gewässer aus und tauschte mich mit vielen anderen Anglern aus, die ebenfalls erfolgreich auf Rapfen angeln. Außerdem begleiteten mich im Laufe der Zeit eine ganze Reihe erfahrener Ang-ler, die sich bis dahin eher für andere Fischarten interessierten, aber ebenfalls zu Rapfen-Fans wurden. Kein Wunder, die räuberischen Weißfische verursachen glasharte Bisse, die wie Stromstöße durch

die Rute fahren und bieten spannende Drills mit harten Kopfstößen, rasanten Fluchten und viel schäumendem Wasser.

Was wir beim Angeln erlebten und fingen, was wir herausfanden und welche Mythen wir als Humbug entlarvten, lesen Sie in diesem Buch. Und so mag als Autor mein Name über dem Buchtitel stehen, mitgeholfen haben viele Freunde und Bekannte, die allesamt ihr komplettes Wissen haben einfließen lassen. Auf diese Weise zusammen getragen, beinhaltet dieses Werk viele, viele Jahre Angelerfahrung, die ein einzelner Angler in seinem Leben kaum machen kann.

Also, bringen wir Licht ins Dunkel: Rapfen sind tückische Räuber und manchmal nicht leicht zu fangen, weiß man aber wann, wo und womit, ist es kein Hexenwerk mehr. Und wie das funktioniert, lesen Sie auf den folgenden 224 Seiten. Viel Spaß beim Lesen und Fangen!

Florian Läufer

Wissenswertes

WISSENSWERTES ÜBER DEN RAPFEN

„Bevor man über etwas spricht, muss man wissen, worüber man spricht" sagte mein alter Herr immer. „Sonst redet man wie ein Blinder von der Farbe". Lange her – geändert hat sich wenig. „Wenn man keine Ahnung hat, einfach mal die Fr… halten" ist da schon zeitgemäßer, wenn auch ruppiger. Bevor wir also eintauchen in die Welt von Ködern, Gerät und Revieren, möchte ich Ihnen die Hauptperson mitsamt Verbreitungsgebiet, Laichverhalten und anderen biologischen Hintergründen vorstellen. Wir wollen ja schließlich wissen, mit wem wir uns anlegen.

„Gestatten:
Leuciscus aspius!"

„Gestatten: *Leuciscus aspius!*" so der (neue) wissenschaftliche Name für den Rapfen, der aus der Familie der Karpfenfische (*Cyprinidae*) mit ihren rund 2500 Arten stammt. Tatsächlich: Bis vor kurzem nannten ihn die Biologen noch *Aspius aspius*, aufgrund neuer genetischer

Erkenntnisse hat er nun aber die Gattung gewechselt. Egal, für uns heißt er auf den folgenden 224 Seiten Rapfen. Basta! Die Süddeutschen und Österreicher nennen ihn Schied, Engländer und Skandinavier sagen Asp und die Russen Zerekh, womit ich auch schon einen Hinweis auf sein Verbreitungsgebiet gegeben habe – und das ist erstaunlich groß. Ursprünglich in den großen Flüssen Mitteleuropas östlich des Rheins bis hin zur Wolga und im Süden bis zur Donau beheimatet, reichte seine nördliche Verbreitung bis ins südliche Skandinavien. Später ist er vom Osten her bis nach Westeuropa vorgedrungen und auch in vielen anderen Ländern heimisch geworden. Heute sind selbst in China Rapfen verbreitet, dort sind sie allerdings kleinwüch-

siger. In Holland, Italien, Frankreich, Belgien und der Schweiz wurde der Rapfen erst eingebürgert, ist also keine einheimische Fischart, was stellenweise dafür sorgt, dass dort andere Fischarten verdrängt werden. Das Schlimme daran: Häufig tragen Angler dafür die Verantwortung, weil Sie Rapfen in anderen Gewässern aussetzten. Auf dem Globus betrachtet, reicht seine Verbreitung heute vom 66. bis 35. Breitengrad Nord und 3. bis 72. Längengrad Ost. (66° N – 35° N, 3° E – 72° E) Das ist ein ausgedehnter Lebensraum, der auch Länder wie Finnland, Türkei, Afghanistan und Iran beinhaltet. Na ja, wir müssen ja nicht gleich überall die Angel auswerfen …

Beim Futterkorbangeln mit Maden fingen wir im italienischen Fluss Po regelmäßig Rapfen – wenn auch nur kleinere Exemplare.

Auf Wanderschaft

Auf jeden Fall fühlt sich der Rapfen im Süß- und Brackwasser wohl
und ist ein Freund von fließendem Wasser, obwohl er auch in großen
(und kleineren) Seen anzutreffen ist. Im Fließwasser findet man ihn
überall dort, wo Strömungsveränderungen erkennbar sind. (Achtung!
Genau lesen, denn dort müssen Sie ihn später auch mit der Angel
suchen.) Also hinter Brückenpfeilern, Wehren, Ausläufen, und Buh-
nenspitzen, aber genauso in Mündungsbereichen und oft auch in
ruhigeren Uferzonen mit Pflanzenbewuchs und seichten Buchten. Der
Rapfen ist ein potamodromer Wanderfisch. Pota…, was? Was biologisch so hochtrabend klingt, bedeutet auf Angeldeutsch, dass der
Rapfen in seinem Heimatfluss größere Strecken bis zu 70 Kilometer
zurücklegt, also wie ein Nomade durchs Wasser zieht. Insbesondere zur Laichzeit werden weite Strecken bewältigt. Im Gegensatz zu
anadromen (z. B. Lachs), die aus dem Salz- ins Süßwasser wandern
und katadromen Fischarten (z. B. Aal) mit entgegengesetztem Weg,
beschränkt sich das Wanderverhalten potamodromer Fische auf das
Süßwasser. Ernährt sich der junge Rapfen noch relativ abwechslungs-
reich von Kleinstlebewesen, wird er schon (sehr) bald zum geselligen
Räuber und jagt fast ausschließlich Kleinfische. Und zwar ab einer
Länge von 40 Millimetern! Dies fand der Biologe Dr. Egbert Korte

Die junge Stintbrut – für Rapfen eine echte Delikatesse.

im Rahmen seiner Dissertation heraus. Hätten Sie es gewusst? Je älter und größer der Rapfen wird, desto kleiner werden die Verbände, in denen er jagt. Als ausgewachsenes Tier ist er nur noch in kleinen Gruppen, stellenweise alleine unterwegs. Seine Lieblingsspeise sind Ukeleis (Lauben) und im Brackwasser Stinte, von denen er sich bei entsprechendem Vorkommen fast ausschließlich ernährt. Wenn die genannten Arten im Gewässer nicht vorkommen, ist *Leuciscus aspius* aber auch jede andere Beute recht, solange sie Schuppen und Flossen hat und in sein oberständiges Maul passt. Aufgrund der Größe dürften aber selbst größere Rotaugen keine Schwierigkeiten bereiten. In das Maul eines ausgewachsenen Rapfens passt locker ein Tennisball!

Wie siehst du denn aus?

Wenn Rapfen mit vier bis fünf Jahren geschlechtsreif geworden sind, beginnen sie – je nach Temperatur – zwischen April und Juni mit dem Laichgeschäft. Männliche Fische können dabei Laichausschlag bekommen. Die klebrigen, runden Eier werden in schnell strömendem Wasser zwischen Steinen und Felsen, wenn nicht vorhanden auch auf Sand oder in überspülter Vegetation, abgelegt. Die Larven schlüpfen nach etwa zwei Wochen. Biologen sprechen dem Rapfen eine mitt-

Vom Aland die bronzene Farbe und vom Rapfen das Temperament. Hybriden sind häufig sehr kampfstark.

lere Widerstandsfähigkeit zu und gehen davon aus, dass sich die Population bei guten Bedingungen innerhalb von 1,5 bis 4,5 Jahren verdoppeln kann. Da das Laichgeschäft vielfach zeitlich und örtlich mit dem anderer Weißfischen zusammenfällt, kommt es relativ häufig zu Hybridisierungen mit anderen Fischarten. In meinem Heimatfluss Elbe fange ich oftmals Kreuzungen aus Rapfen und Aland (*Leuciscus idus*), über die ich mich anglerisch immer besonders freue. Warum? Der Raland (ja, so heißt der Fisch, der bei dieser Kreuzung entsteht) hat vom Aland die bronzefarbenen Schuppen und den bulligen Körperbau, vom Rapfen das Temperament und die Größe mit in die Wiege bekommen.

Im direkten Vergleich ist der Unterschied gut erkennbar: links, ein Raland (Hybride zwischen Aland und Rapfen), rechts ein reinrassiger Rapfen.

An der Angel bedeutet diese Mischung einen Heidenspaß, weil die Burschen noch eine ordentliche Extra-Portion Kampfkraft mitbringen. Und hält man den Fisch erst mal in den Händen, ist er durch seine schöne Färbung ein echter Augenschmaus. Von weiteren Hybriden zwischen Rapfen und anderen Weißfischen (Döbel, Hasel) wird berichtet. Die daraus entstandenen Arten sind nicht immer leicht zu bestimmen, da sich ihr Aussehen stark ähnelt. Aber schon beim reinrassigen Rapfen haben einige Angler Schwierigkeiten, so dass ein Döbel oder Graskarpfen schon mal als Rapfen durchgeht. Wer sich unsicher ist, zählt im Zweifelsfall „einfach" die auffällig kleinen Schuppen entlang der Seitenlinie. Davon haben Rapfen 64 bis 76 Stück. Oberhalb der Seitenlinie finden sich zehn bis zwölf Schuppenreihen, unterhalb sind es noch vier bis fünf. Auch die Anzahl der Flossenstrahlen geben Auskunft darüber, wen man vor sich liegen hat. Beim Rapfen sind es: Rückenflosse 10 bis 11, Afterflosse 15 bis 18, Brustflosse 16 bis 17, Bauchflosse 10 bis 11, Schwanzflosse 19. Aber mal ganz ehrlich: Wer mag nach einem spannenden Drill schon gerne anfangen, Schuppen und Flossenstrahlen zu zählen? Andere „Gesichtspunkte" helfen ebenfalls bei der Bestimmung. Besonders auffällig ist das große, zahnlose Maul, dessen Spalte bis weit hinter das relativ kleine Auge reicht. Das oberständige Maul beweist, dass Rapfen in den oberen Wasserschichten jagen. Der stromlinienförmige, schlanke Körper macht *Leuciscus aspius* zum flinken Räuber, der seinen Beutefischen blitzschnell hinterher jagt – Entkommen ausgeschlossen. Der Kopf des Rapfens ist zugespitzt und die Schwanzflosse tief eingebuchtet bis sichelförmig. Je nach Gewässer schwankt seine Färbung, die in der Rückenpartie oft gräulich bis dunkel-oliv oder bläulich-schwarz ist. Die Flanken sind deutlich heller und silbrig glänzend, während die Bauchseite fast weiß ist.

Auch als Meterware erhältlich?

Rapfen können ein Alter von bis zu elf Jahren erreichen und sollen dabei bis über einen Meter lang werden und dann ein Gewicht von mehr als zehn Kilo aufweisen. Bleiben wir auf dem Teppich: Ein Rapfen mit über 80 Zentimetern Länge ist ein kapitaler Brocken, mit mehr als

90 Zentimetern schon ein Rekordfisch. Solch ein Fisch dürfte dann um die neun Kilo auf die Waage bringen. Immer wieder liest man davon, dass die Burschen sogar bis 120 Zentimeter Länge erreichen können. Während meiner Recherchen zu diesem Buch konnte ich aber nicht mal einen verbürgten Fang samt Beweisfoto eines Rapfens über der magischen Metermarke finden. Vielleicht gibt es diese Brocken, ich wünsche es uns allen. Und vielleicht kommt uns – und den Beständen des Flussräubers – eines Tages ein Umstand zugute, der irgendwo das eine oder andere Mega-Exemplar heranwachsen lässt: Rapfen gelten als untauglich für den Küchengenuss. Vielleicht nicht unbedingt wegen ihres Geschmacks, aber sie besitzen neben den sogenannten Y-Gräten weit über 100 Zwischenmuskelgräten im hinteren Teil des Körpers. Schlecht für den Koch (und seinen Gast), gut für den Angler!

Ein Foto als Erinnerung – in der Küche sind Rapfen kein Genuss.

Was „unseren" Rapfen aber tatsächlich zu etwas Außergewönlichem macht, ist die Tatsache, dass er in unseren Breitengraden der einzige Vertreter aus der großen Familie der Karpfenfische ist, der sich

ganz und gar räuberisch ernährt. Zwar ist von vielen anderen Fischen aus der Ordnung *Cypriniformes* bekannt, dass auch sie gerne mal schuppige und flossige Nahrung auf dem Speiseplan stehen haben, aber eben nicht ausschließlich. An dieser Stelle ist natürlich die Frage erlaubt, wie es ein zahnloser Weißfisch schafft, seine Beute zu packen. Schlucken wird er sie im Ganzen, das ist klar, aber festhalten? Das funktioniert natürlich anders als bei Hechten oder Zandern, die ihre Opfer mit den scharfen Beißerchen so richtig schön zwischen Ober- und Unterkiefer aufspießen können. Autsch! Rapfen machen's so: Sie greifen ihre Beute von unten nach oben an und reißen dabei das ungewöhnlich große, nach oben stehende Maul weit auf. Der knochig verdickte, in der Mitte leicht erhöhte Unterkiefer greift über den Oberkiefer vor, so dass ein Beutefisch keine Chance zu entkommen hat, wenn er sich erst im geschlossenen Maul des Rapfens befindet. Zwischen Ober- und Unterkiefer wird die Beute zunächst eingeklemmt, mit den zweireihigen Schlundzähnen (zu dritt und fünft angeordnet) zermalmt und dann verschlungen. Guten Appetit!

Entkommen ausgeschlossen. Wer in dieses Maul gerät, wird gefressen.

Europa macht mit

Und noch eine Besonderheit: Der Rapfen ist einer der wenigen Fische, die in Anhang II der FFH-Richtlinie (Flora-Fauna-Habitat-Richtlinie) aufgenommen wurden. Dabei handelt es sich um eine Naturschutz-Richtlinie, die 1992 von den damaligen EU-Mitgliedstaaten einstimmig beschlossen wurde. Später haben weitere Mitgliedstaaten die Richtlinie anerkannt. Wesentliches Instrument ist ein zusammenhängendes Netz von Schutzgebieten (genannt: Natura 2000), das dem länderübergreifenden Schutz gefährdeter, wildlebender heimischer Tier- und Pflanzenarten und ihrer Lebensräume dienen soll. Welche Gebiete, Tier- und Pflanzenarten durch die FFH-Richtlinie unter besonderen Schutz gestellt wurden, regeln ihre Anhänge I bis V. Anhang I listet die Lebensraumtypen auf, die zu berücksichtigen sind. In Anhang II wird's für uns Angler spannend: Dort sind die Tier- und Pflanzenarten genannt, für deren Erhalt besondere Schutzgebiete eingerichtet werden müssen. Und siehe da, neben Fischen wie Neunauge, Groppe,

Gute Kinderstube – solche Habitate unterliegen der FFH-Richtlinie, die dem Schutz wildlebender Tier- und Pflanzenarten dient.

Huchen und Zingel findet sich auch *Leuciscus aspius* in der knapp 30 Fischarten (und viele andere Tier- und Pflanzenarten) umfassenden Liste. Zwar wird der Rapfen (noch?) nicht in Anhang IV mit seinen seltenen und schützenswerten Arten aufgelistet, aber edlere Fischarten wie Schleie oder Zander wird man in den Anhängen vergeblich suchen. Hätten Sie es gewusst? Ich gestehe: ich auch nicht! Erst als ich begann, mich näher mit dem Rapfen zu beschäftigen, bin ich auf diese Information gestoßen. Interessant ist es allemal und zeigt, dass er irgendwie schon etwas Besonderes ist.

Angelplätze
und Reviere

ANGELPLÄTZE –
AUF DER SUCHE NACH DEN HOT SPOTS

Seit mehr als 25 Jahren halte ich die Angelrute in der Hand und habe im Laufe der Zeit viele, viele Angler kennengelernt, über deren Schultern geschaut und ihnen versucht das eine oder andere Geheimnis zu entlocken – so wie sie es auch bei mir taten. Angeln lebt vom Austausch. Und überhaupt: Wäre es nicht ein langweiliges Hobby, wenn man die Fangfreude nicht teilen könnte? Wenn man – hat endlich der Kapitale gebissen – nicht mal ein kleines bisschen mit seinem großen Fang angeben könnte? Und wenn man nicht selbst begehrlich auf die Beute des anderen schielen würde, der heute mehr Glück hatte als wir? Und weil wir lieber angeben als schielen, lieber gewinnen als verlieren, uns aber genauso gerne austauschen und in Gesellschaft wohlfühlen, stecken wir schon bald im Zwiespalt. Welche Kniffe und Tricks verrate ich, welche behalte ich für mich? Wir wissen alle: Man bekommt immer nur so viel, wie man selbst bereit ist zu geben. Und sagen Sie jetzt nicht, Sie hätten sich nicht in den letzten Zeilen wieder gefunden. Der eine mehr, der andere weniger.

Angeln lebt vom Austausch. Gemeinsam macht es doppelt Spaß!

Die drei Fragezeichen

Letzten Endes dreht sich beim Fischen alles um die drei großen W-Fragen: Wann? Wo? Womit? Das Wann wird Ihnen jeder Angler gerne verraten, das Womit wird manchmal schon kniffliger. Bei vielen Anglern nehmen die Köder den Stand heiliger Reliquien ein – und die hält man eben geheim. Das Wo? – unmöglich! Nur die wenigsten werden Ihnen ihren besten Angelplatz anvertrauen – vielleicht den zweitbesten. Ergiebige Stellen auszukundschaften, ist beim Angeln die größte Schwierigkeit und oftmals gehen Jahre ins Land, bis man „seinen" Hot Spot gefunden hat. Und der wird auch nur solange „heiß" bleiben, wie wir ihn schonen und nicht überstrapazieren, sprich: für uns behalten. Sonst ist er schon bald „verbrannt".

Wir müssen uns also selbst auf die Suche begeben. Von anderen erfahren wir zumindest nix. Auf Köder und Beisszeiten kommen wir später noch zu sprechen. In Rhein, Neckar, Donau, Mosel (oder wie auch immer Ihr Hausgewässer heißen mag) habe ich zwar selbst noch nicht die Rute ausgeworfen, trotzdem kann ich Sie, vom Schreibtisch aus, mit großer Treffsicherheit an die besten Rapfenstellen lotsen.

Thomas hat eindeutig an der richtigen Stelle geangelt.

Suchen Sie „weißes Wasser" und Sie haben einen potenziellen Hot Spot gefunden! Und zwar (fast) unabhängig von der Jahreszeit. In meinem Hausgewässer, die tideabhängige Elbe, verraten häufig ins Wasser stechende Möwen den Aufenthaltsort der Rapfen. Die jagen nämlich von oben die Stintschwärme – und von unten kommen die Rapfen dazu. Ein Blick auf das lokale Verhalten der Futterfische lohnt ganz sicher auch an Ihrem Gewässer.

Weißes Wasser

Aufgeschäumtes Wasser ist sauerstoffreich und zieht Rapfen magisch an. Ganz besonders in den Sommermonaten, wenn andere Gewässerbereiche immer sauerstoffärmer werden, halten sich oftmals große Ansammlungen der flinken Jäger in unmittelbarer Nähe von Wehren, Schleusen, Industrieausläufen, Rauschen und Wasserfällen auf. Ich habe in den letzten Jahren rund 80 Prozent meiner gefangenen Rapfen solchen Stellen zu verdanken. Auffällig ist, dass sich

Weißes Wasser zieht Rapfen magisch an. Wetten, dass es hier beim ersten Mal auswerfen einen Biss gibt?

die Fische sehr häufig auf wenigen Quadratmetern tummeln, obwohl diese sich vom übrigen Bereich oftmals gar nicht unterscheiden. Und mit wenigen Quadratmetern meine ich Stellen, die kaum größer als zwei mal zwei Meter sind, aus denen ich aber schon mehrmals eine

Hab' dich gesehen! Dieser Rapfen verrät seinen Aufenthaltsort durch die Schwanzflosse.

zweistellige Anzahl Rapfen rauspflücken konnte. Fünf Meter zu weit nach rechts oder links geworfen brachte keinen Fisch. Nur wenn der Köder direkt durch den kleinen Bereich gezogen wurde, gab es einen Biss – dann allerdings mit Ansage!

Um diese Stellen zu finden, braucht man in vielen Fällen nicht mehr als einen geschärften Blick. Der oberflächennahe Aufenthaltsbereich unseres Freundes *Aspius* kommt uns zugute. Aufgrund starker Strömung und bewegten Wassers sind die Rapfen ständig in Bewegung. Dabei winken immer mal wieder die Spitzen von Schwanz- oder Rückenflosse aus dem Wasser und wollen uns damit sagen „Hier sind wir!". Das Gleiche kennen wir zwar auch von anderen Fischarten die sich im selben Bereich aufhalten, aber mit etwas Übung kann man schon bald sehr genau zwischen Rapfen, Brassen und anderen Fischen unterscheiden. Nicht nur die Farbe der Flossen, auch die Art, wie und wie schnell sie durch die Oberfläche schneiden ist anders. Dieses Verhalten wird man regelmäßig nur bei hohen Wassertemperaturen beobachten können. Trotzdem sind Rapfen auch in den übrigen Jahreszeiten im gleichen Bereich anzutreffen. Zeigen Sie sich nicht, suchen wir sie eben mit Rute und Köder. Und zwar zweidimensional! Soll heißen: Wir müssen räumlich denken. Nicht nur Entfernung und Richtung unseres Wurfes sind wichtig, auch die Tiefe muss berücksichtigt werden. Dafür werfe ich das gesamte Areal fächerförmig ab, ohne den Köder zu wechseln. Bekomme ich ersten Fischkontakt, nehme ich die entsprechende Stelle genauer unter die Lupe.

Der tief laufende Wobbler suchte und fand den Fisch eine Etage tiefer als üblich.

Hatte ich keinerlei Aktion, wähle ich einen neuen Köder der in einer anderen Tiefe läuft und beginne von vorne. Dies mache ich solange, bis ich alle Wasserschichten und alle Wurfbereiche nach aktiven Fischen abgesucht habe. Ganz besonders im Frühjahr, Spätsommer und Herbst stehen und rauben die Rapfen selten im Oberflächenwasser, sondern in ein bis drei Metern Tiefe.

Die ergiebigsten Stellen hinter Wehren, Schleusen, Wasserfällen und Industrieausläufen sind in vielen Fällen die Ränder zwischen Weißwasser und beruhigtem Bereich, kleine und kleinste Drehströmungen und unmittelbar hinter den stärksten Verwirbelungen.

Auf großer Tournee

Sehen Sie die Verwirbelungen hinter dem Brückenpfeiler? Rapfen lieben solche Stellen.

An welchen Stellen Sie vermutlich den überwiegenden Teil Ihrer Rapfen fangen werden, haben Sie eben gelesen. Die meisten dieser Plätze sind keine natürlich entstandenen Spots sondern unserer fortschreitenden Industrialisierung geschuldet. Ein Dilemma: Stärker besiedelte Gebiete bedeuten zwangsläufig zwar a) mehr solcher Bauwerke aber auch b) mehr (Rapfen-)Angler, die auf der Suche nach den gleichen Spots sind wie Sie, liebe Leser und damit c) zu höherem Angeldruck beitragen. Und der führt langfristig immer auch zu schlechteren Fängen – blöd.

Es nützt alles nichts: Wir müssen neben den Filetstücken

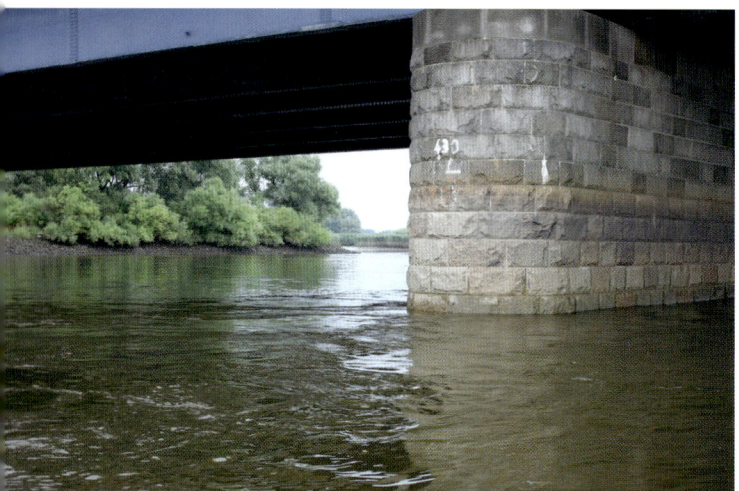

also auch mit etwas zäheren Portionen klarkommen. Und die heißen: Strömungs- und Uferkanten, Buhnenfelder, Hauptstrom und Brückenpfeiler.

Der Reihe nach: Dass Rapfen als Wanderfische naturgemäß große Strecken zurücklegen, habe ich im vorherigen Kapitel beschrieben. Dass wir mit müssen, liegt auf der Hand! Ja, das ist mühsam. Aber wollen wir regelmäßigen Erfolg bei der Rapfenjagd, sind wir einem ebenso ruhelosen Wandel ausgeliefert, wie ihn uns die flinken Räuber vorleben. Selten halten sie es länger an einer Stelle aus. Rastlos ziehen sie durchs Gewässer, schlagen hier und da mal zu, wenn ihnen ihre Beute über den Weg schwimmt und sind Minuten später auch schon wieder weitergezogen. Wer als Angler das Glück hat, bei einem gerade stattfindenden Jagdintervall den richtigen Köder an der Angel zu haben, kommt zwar rasch zum Erfolg, dieser kann aber leider auch ebenso schnell wieder vorbei sein. Helfen Sie also nach – dem Glück des Tüchtigen.

Nur damit Sie nicht denken, hier wäre alles graue Theorie: Julia zeigt einen prächtigen Fisch, der direkt am Brückenpfeiler des vorigen Bildes biss.

Wichtig: Auf der Strecke bleiben!

Rapfen werden immer wieder die Bereiche aufsuchen, in denen sie aus dem Hinterhalt blitzschnell in die Kleinfischschwärme stoßen können. Also in den Übergängen vom Fließwasser in beruhigte Zonen. Zum Beispiel rund um die Buhnenköpfe in den großen Schifffahrtsstraßen. Doof ist nur, dass es davon so unglaublich viele gibt und man nie weiß, an welchem sie als nächstes zuschlagen.

Oder die Schilf umsäumten Ufer, in denen sich immer Kleinfische tummeln. Regelmäßig hört man Rapfen dort wie Torpedos in die

Oft lauern Rapfen direkt am Buhnen-kopf – aber an welchem?

Laubenschwärme stoßen. Auch hier die Frage: Wo anfangen, wenn das Schilf kilometerweit gleichtönig ans Ufer grenzt? Und anders sieht es weder im Hauptstrom noch an den Strömungskanten aus. Die Fische können überall sein. Ein Muster? Nicht erkennbar. Und wahrscheinlich gibt es auch keines, zumindest kenne ich es nicht. Nun aber die Litanei der ewigen Klage vorzutragen, führt uns nicht weiter. „Strecke machen" heißt das Stichwort. Werfen, werfen, werfen und zwischendurch immer ein Stückchen weitergehen … Die gute Nachricht: Haben Sie einen Trupp aktiver Fische aufgespürt, bekommen Sie im Normalfall bei den ersten Würfen am neuen Platz einen Biss. Das macht das mühsame Suchen erträglicher als andere Angelarten, bei denen stundenlang die gleiche Stelle beackert wird

Nur nicht aufgeben – an manchen Tagen kann man werfen, bis man schwarz wird. Irgendwann gibt es aber den ersehnten Einschlag in der Rute.

– in der Hoffnung, dass beim nächsten Wurf endlich ein Fisch vorbeikommt. Oder beim übernächsten. Heute Abend aber ganz bestimmt. Wer Strecke macht, wirft immer wieder jungfräuliche Stellen an, sammelt ständig neue Eindrücke und wünscht sich

mit jedem Aufklatschen des Köders den Fisch ans Band, der genau hier auf seine Beute lauert und den Kunstköder mit ihr verwechselt. Jeder Wurf an eine neue Stelle ist immer der erste Wurf. Zumindest an diesem Spot. Und wer will sie abstreiten: die Hoffnung, die jeder erste Wurf in sich trägt. Der erste Wurf des Tages. Der erste Wurf im neuen Gewässer. Der erste Wurf mit dem neuen Köder. Sie merken schon: Angeln ist immer auch Philosophie. Aber hätten Sie eine andere Idee, sich für einen langen Angeltag zu motivieren? Denn: Wer kein Ziel vor Augen hat, kann auch keinen Weg hinter sich bringen.

Kanal voll

Zurück zu den Fischen: An vielen Tagen machen sie es uns glücklicherweise leicht. Sie verraten sich an der Oberfläche. Bestenfalls mit einem lauten Schwall oder – noch besser und lauter – Klatschen, mindestens aber durch ihre Rücken- oder Schanzflosse, die scharf durchs Wasser schneiden. Nicht lange zögern – sofort den Köder hinterher schmeißen! Handelt es sich tatsächlich um Rapfen, werden Sie in acht von zehn Fällen beim ersten Wurf einen Biss bekommen. Wirklich!

Besonders mühsam kann das Angeln in den vielen monotonen, wie mit dem Lineal kerzengerade in die Natur gefrästen und durch Spundwände oder nicht minder hässliche Steinpackungen gesicherten Kanälen sein. Die haben teilweise ansehnliche Rapfenbestände – nur wo? Sie ahnen es schon: Auch hier muss Strecke gemacht werden, allerdings bei noch weniger offenkundigen Anhaltspunkten. Aber überall dort, wo die triste Gleichförmigkeit durch Wendebecken, Einläufe, Brücken, Häfen und so weiter und so fort unterbrochen wird, lohnt sich ein Versuch vielleicht ein Quäntchen mehr. Und ja, ich weiß, dass dieser Tipp in jedem, jedem Anfängerbuch steht. Aber wenn es doch nun mal so ist?

So monoton der Kanal auch scheint, da, wo die Spundwand einen Knick machte, nahm der Rapfen den Köder.

Brückentag

Leichter machen es uns in vielen Fällen Brückenpfeiler, die mitten in der Strömung stehen. Hier sind es der verwirbelte Bereich auf der rückwärtigen Seite oder der schmale Streifen direkt am Brückenpfeiler, an dem die Wassermassen vorbeirauschen, die uns die meisten Fische bescheren werden. Zugegeben: Nicht jeder Brückenpfeiler ist „besetzt", aber früher oder später wird man an einem von ihnen zum Erfolg kommen. Je wärmer das Wasser, desto besser die Chancen. Der Köder sollte quer zur Strömung durch die Verwirbelungen im Strömungsschatten geführt werden. Häufig stehen Rapfen aber auch unmittelbar neben dem Pfeiler in der härtesten Strömung. Unmittelbar? Das sind maximal 70 Zentimeter! So zumindest meine Erfahrung. Der Köder muss beim Eintauchen bestenfalls den Pfeiler berühren und wird dann gleich bei den ersten drei Kurbelumdrehungen oder gar nicht von den Fischen attackiert. Landet der Köder mehr als einen Meter entfernt vom Beton (oder Stahl) gibt's einfach keinen Biss. Kurios, aber so habe ich es fast immer erlebt. Und ich schreibe es gerne noch mal: Suchen Sie hier, wie auch an jeder anderen Rapfen verdächtigen Stelle unterschiedliche Wasserschichten ab. Je kälter das Wasser, desto tiefer sollte nach den Fischen gefahndet werden.

Der Fisch fühlte sich direkt an einem Brückenpfeiler wohl.

3...2...1... Start!

Ein echtes Phänomen scheinen kollektiv raubende Rapfen zu sein. Ausgerechnet wenn die agilen Jäger wie im Rausch Kleinfischschwärme an die Oberfläche treiben, so dass diese panisch in alle Richtungen aus dem Wasser springen und man immer wieder die Leiber und Schwänze ihrer Verfolger lautstark aufs Wasser schlagen sieht, scheint es am schwierigsten zu sein, auch nur einen von ihnen mit dem Kunstköder zu fangen. Dieses Verhalten ist übrigens in regelmäßigen Intervallen zu beobachten und alle Fische beginnen wie auf Kommando (und das bitte ich wörtlich zu nehmen) mit der Jagd. Meist dauert das Schauspiel 15 bis 30 Minuten und ist ebenso abrupt wieder vorbei, wie es angefangen hat. Nach einiger Zeit geht es von vorne los. Jeder erfahrene Rapfenangler wird bestätigen, dass die Fische zwischen den wilden Jagdphasen zwar mit Erfolg beangelt werden können, aber im echten Fressrausch nur sehr selten mit Kunstködern gefangen werden. So ungestüm sie dann auch zur Sache gehen, geht es um unseren Köder, gewinnen sie im zickig sein jeden Wettstreit mit einer Diva. Wahrscheinlich sind Rapfen in diesen kurzen Phasen so auf das panische Verhalten ihrer Beutefische „eingeschossen", dass alles andersartige völlig ignoriert wird. Trösten wir uns: Genießen wir doch einfach die eindrucksvolle Vorstellung, die für jeden Angler eine Symphonie für die Augen darstellt. Ist der Spuk vorbei, geht's los. Fangen wir eben etwas später unseren Fisch.

Problemzone Stillwasser

Es wird Ihnen nicht entgangen sein: Bisher habe ich ausschließlich von potenziellen Angelspots in Flüssen und Kanälen geschrieben. Nicht ohne Grund – dort ist die Fischerei auf Rapfen gelegentlich schon recht mühsam, im Stillwasser wird's dagegen richtig schwer. Und das ist schon recht optimistisch ausgedrückt! Zum einen liegt es

Hier sind wir! Raubende Rapfen sind ein echtes Schauspiel.

natürlich daran, dass Rapfen typische Flussbewohner sind und dort einfach in erheblich größerer Anzahl zu finden sind. Aber selbst wenn ein stehendes Gewässer einen beangelbaren Bestand aufweist, macht es oftmals die Lage nicht besser. Je weniger Strömung und je besser die Sichttiefe, desto schwieriger sind die Fische zu überlisten. Außerdem scheinen im Stillwasser die Fresszeiten noch viel ausgeprägter in die Morgen- und Abendstunden verlegt zu sein, während sich die Fische im Fließwasser zu allen Tageszeiten mal gerne einen Snack gönnen. Und: Oftmals scheint es in stehenden Gewässern keinerlei erkennbare Anhaltspunkte zu geben, nach denen wir die Fische lokalisieren könnten. Hafenanlagen, Übergänge vom Flachwasser in tiefere Gebiete, Staumauern, Einläufe, Schilfränder… all das sind Bereiche, in denen sich Kleinfischschwärme aufhalten. Damit wissen wir zumindest, wo sich das Abendessen von Mr. *Aspius* aufhält und fischen schon mal nicht vollkommen blind. Genauso gerne halten sich Rapfen aber auch in allen anderen Gebieten des Gewässers auf und können in der Seemitte, hundert Meter, einen Kilometer oder gleich drei Kilometer weiter anzutreffen sein. You never know! Und dass sie im Stillwasser deutlich argwöhnischer als im Fluss sind, macht's eben zusätzlich schwierig. Unterm Strich: Auf das Wo, gibt

Am Schilfrand serviert, landet die Fliege goldrichtig. Trotzdem ist Rapfenangeln im Stillwasser meistens eine echte Sisyphosarbeit.

es in stehenden Gewässern selten eine Antwort – obwohl man es ja so gerne möchte. Enttäuscht? Wenigstens kann man mir keine Schönfärberei vorwerfen …

Mysterium Winter

Noch so ein Rätsel: Wo sind Rapfen eigentlich im Winter? Und wen oder was fressen sie dann? Meine Antwort nehme ich vorweg: „Keine Ahnung!" Dafür schäme ich mich aber nicht, denn egal wen ich zu diesem Thema befragt habe, immer habe ich Achselzucken geerntet. Gewiss, von dem einen oder anderen Rapfen der sich mal beim winterlichen Raubfischangeln an dem für Barsch oder Zander gedachten Köder vergriffen hat, können einige berichten. Aber gezielt? Im Winter? Mit mehreren Fischen als Beweisstücke und das auch noch an unterschiedlichen Angeltagen? Fehlanzeige! Einer, der allerdings schon einen entscheidenden Schritt bei der Recherche nach Winterrapfen vorankam, ist Maik Lindemann aus Potsdam. „Wenn die Lufttemperatur nicht deutlich im Minusbereich ist, fangen wir bei uns die Fische regelmäßig in einem strömungsberuhigten Hafenbecken, wo sie gemeinsam mit den Zandern in den tieferen Löchern hocken. Hier befischen wir die Rapfen dann direkt am Grund, mit Gummis an überschwerten Jigköpfen. Durch das hohe Gewicht verkürzen sich die Absinkphasen, was die Fische zum Zupacken verleitet. Wenn es aber kälter und kälter wird, verschwinden die Fische auch von hier. Wo sie dann zu finden sind, haben wir bisher noch nicht herausfinden können."

Vielleicht wird das Geheimnis (und andere) irgendwann gelüftet, bisher ist es in meinem Bekanntenkreis niemandem ge-

Maik Lindemann mit einem echten Kaltwasser-Rapfen. Nur einer von vielen, übrigens!

lungen. Aber ich bin zuversichtlich. Der Rapfen scheint sich gerade erst zum Modefisch zu entwickeln und schwimmt zögerlich aus der unbeachteten Ecke der Weißfische in die Herzen vieler Spinnangler. Je mehr Angler sich mit seinen Verhaltensweisen beschäftigen, desto mehr werden wir über sein Verhalten lernen. Denken Sie nur an die Erkenntnisse, die in den letzten 20 Jahren über Karpfen zusammengetragen wurden. In meiner Kindheit wurde mir von „den Alten" im Brustton der Überzeugung erzählt, Karpfen hielten Winterschlaf. Heute sind die Zelte, Rod Pods und elektronischen Bissanzeiger der Karpfenangler auch bei Schnee und Frost ein gewohntes Bild an den Ufern unserer Gewässer. Ich bin überzeugt, dass die Jungs nicht bei Minusgraden in ihren Zelten hocken würden, wenn an der Winterschlaf-Theorie tatsächlich etwas dran wäre.

Aber vielleicht täusche ich mich auch und wir müssen einfach akzeptieren, dass Rapfen typische Sommerfische sind und bei kaltem Wasser nicht mehr gezielt beangelt werden können. So wie Schleien eben auch nicht traditionell im Dezember oder Januar gefangen werden.

Bis zur weiteren Klärung beginne ich weiterhin im März oder April, bei niedrigen zweistelligen Wassertemperaturen, mit der Rapfenjagd und werde mich spätestens Ende Oktober wieder um andere Fischarten kümmern. Lassen Sie mich wissen, wenn Sie mehr herausgefunden haben.

Fassen wir also zusammen: Die Antworten auf die drei W-Fragen zu Beginn dieses Kapitels lauten: Zur richtigen Zeit, am richtigen Ort, mit dem richtigen Köder. That's it!

Eisgang auf der niedersächsischen Elbe. Wo sich die Rapfen im Winter aufhalten, haben wir (noch) nicht herausgefunden.

REVIER-RECHERCHE –
WO WIRD WAS GEFANGEN?

Im vorigen Kapitel standen wir am Ufer Ihres Gewässers und haben versucht, die aussichtsreichsten Fangplätze an Fluss, Kanal oder See durch Beobachtung und Vermutung ausfindig zu machen. Lassen Sie uns nun gemeinsam aus der Frosch- in die Vogelperspektive wechseln. Betrachten wir das große Ganze von oben, ziehen sich die Flüsse und Kanäle wie ein weit verzweigtes Spinnennetz übers Land und die Seen wirken wie willkürlich verteilte Tintenkleckse auf der Landkarte. Hunderte, Tausende Gewässer und in jedem könnte unser ganz persönlicher Traumrapfen seine Bahnen ziehen. Oder andersrum: Riesige Wasserflächen, in denen wir wahrscheinlich ein Leben lang erfolglos bleiben werden, weil dort einfach keine Rapfen existieren. Schwierig, auf den ersten Blick das eine vom anderen zu unterscheiden.

Von oben herab
(hier die Peene-
mündung) – haben
Sie schon eine
Idee, wo Sie die
Rute als erstes
auswerfen wollen?

Falsche Einschätzung?

Um eine Idee davon zu bekommen, aus welchen Gewässern immer wieder große Rapfen gemeldet werden, habe ich alle Fangmeldungen, die in den letzten zehn Jahren in den drei großen Angelmagazinen Rute & Rolle, Fisch & Fang und Blinker veröffentlicht wurden, ausgewertet. Dabei fand ich viel Interessantes heraus und war stellenweise wirklich erstaunt. Denn: je mehr man etwas über- oder unterschätzt, desto größer die Überraschung. Auf mein Hausgewässer – die Elbe – traf Erstgenanntes zu. Die hatte ich aufgrund meiner zahlreichen Fänge tatsächlich überschätzt.

Zumindest was die Hoffnung auf kapitale Fische angeht, denn um die geht es ja in den Hitparaden der Angelmagazine. In deren Jahresendauswertungen standen auf den vorderen Plätzen gigantische Rapfen mit Gewichten bis zu neun Kilo, als noch immer bestehendes Rekordgewicht. Selbst die Exemplare auf den hinteren Plätzen brachten in schwächeren Jahren allesamt noch über vier Kilo auf die Waage – das sind immerhin Fische um 80 Zentimeter Länge. Solch einen Brocken muss man erstmal fangen. Um bei „meiner" Elbe zu bleiben: Im Auswertungszeitraum zwischen 2002 bis 2012 nimmt sie eigentlich kaum teil. Auf schwergewichtige Rapfen braucht man hier also kaum hoffen. Das deckt sich mit meinen Erfahrungen. Ich habe mit meinen Angelpartnern in den letzten Jahren mehrere Hundert Fische fangen können, wovon ein guter Prozentsatz über 70 Zentimeter Länge hatte. Einen Achtziger hat noch keiner von uns im Fangbuch stehen. Sicherlich wird der eine oder andere davon in der Elbe herumschwimmen, aber die Chancen darauf sind wohl nur in Spurenelementen vorhanden.

Ein toller Elbrapfen. Was die Endgröße angeht, musste ich aber irgendwann erkennen, dass es deutlich bessere Gewässer gibt.

Nicht nur Anglerlatein

Mir ist selbstverständlich bewusst, dass es mit Statistiken immer so eine Sache ist. Und Sie kennen sicher den (150 Jahre alten!) Spruch „Lügen existieren in drei Formen: Lügen, infame Lügen und Statistiken." Sicherlich wurden schon zu damaliger Zeit Statistiken „aufgepeppt", was zu dieser Aussage führte, aber vermutlich haben sich auch in heutige Fisch-Hitparaden Anglerlatein, großzügiges

Schrei vor Glück! Mike hat mit diesem Fisch die Achtzig geknackt.

Wiegen und taktische Falschnennungen von Fanggewässern (soll ja nicht gleich jeder wissen, wo der Rudi-Riesenrapfen gefangen wurde) eingeschlichen – wir wissen es nicht ganz genau.

Trotzdem möchte ich versuchen, aus der Vielzahl der Fangmeldungen ein Bild von potenziellen Rapfengewässern zu malen. Das mag die Realität verzerren und abstrakt sein wie ein Picasso, aber wollen wir abstreiten, dass keines von beiden Aussagekraft besitzt? Wenigstens ein bisschen?

Ich wertete die letzten zehn Jahre der Rapfen-Fangmeldungen aus, die in den großen deutschen Angelmagazinen gemeldet wurden.

Rekorde? Stillwasser!

Interessant finde ich, dass rund zwei Drittel der gemeldeten Fänge aus Flüssen und Kanälen stammen. Schaut man sich das verbleibende Drittel – also Fänge aus stehenden Gewässern – genauer an, fällt auf, dass es nur wenige Mehrfachnennungen gibt. Lediglich drei Seen tauchen in den Tabellen wiederholt auf: Eixendorfer See (Bayern), Edersee (Hessen) und Chiemsee (Bayern). Die beiden Letzteren haben es allerdings in sich: Fast alle gemeldeten Edersee-Rapfen sind echte Granaten mit Gewichten von sechs bis über acht Kilo und auch die Fische aus dem Chiemsee belegen tendenziell eher die vorderen Plätze. Und unser neun Kilo schwere Rekordfisch stammt ebenfalls aus einem stehenden Gewässer, dem Bibersee in Baden-Württemberg. Alle anderen Rapfen wurden in unterschiedlichen Seen gefan-

Solche Rapfen, wie dieser von Peter, schwimmen im Edersee. Und das ist noch einer von den Kleineren!

gen. Sind diese Fische mit anderem Weißfischbesatz in die Gewässer gelangt? Und/oder vermehren sie sich in stehenden Gewässern nur stockend und weisen dadurch eine geringere Bestandsdichte auf? Außerdem: Wer dafür ausgelegt ist, sich in stärkster Strömung wohlzufühlen, nun aber in einem stehenden Gewässer gemütlich seine Runden dreht und sich dort den Wanst voll schlagen kann, neigt natürlich zu Übergewicht. Pardon, zum Traumgewicht – für Angler!

Fangen im Fluss

Aus der deutlich größeren Gruppe der Fließgewässer geht ganz klar Vater Rhein als Sieger hervor. Halten Sie sich fest: 30 Prozent aller Fische die aus unseren Schifffahrtsstraßen stammen wurden im Rhein erbeutet. Jeder dritte Rapfen! Da möchte man am liebsten sofort die Sachen ins Auto werfen und hinfahren. Für mich als Norddeutscher ist das zu weit – Sie sind wahrscheinlich schon fast auf dem Weg, oder? Und es kommt noch besser: die gemeldeten Rheinfische sind regelmäßig auch auf den vorderen Plätzen dabei. Weitere Häufungen gab es in Donau, Oder, Neckar, Main, Mosel und Weser (Reihenfolge nach Anzahl der Fänge). Zählt man alle Rapfen aus diesen sechs Gewässern zusammen, kommt man auf weitere 40 Prozent. Aber auch Isar, Wörnitz, Havel, Saale, Lahn und Mulde sind in den Fangtabellen mehrfach genannt. Ich glaube, ich lehne mich nicht zu weit aus dem

Dieser Havel-Rapfen nahm den Köder direkt an der Schilfkante.

Fenster, wenn ich Ihnen aufgrund dieser Auswertung immer eines unserer großen Fließgewässer zum gezielten Rapfenfang empfehlen würde. Oder Chiem- und Edersee – für den ganz kapitalen Brocken. Die beste Zeit scheinen übrigens die Monate Juni bis September zu sein, denn aus diesem Zeitraum stammt ein Großteil aller Fänge. Egal, ob Still- oder Fließgewässer.

Die Köderfrage schnell beantwortet

Und ich fand bei meiner ausgiebigen Recherche noch mehr heraus. 80 Prozent aller gemeldeten Rapfen sind mit Kunstködern gefangen worden. Die übrigen 20 Prozent gehen auf das Konto der Naturköder und die beinhalten sogar noch offensichtliche Zufallsfänge, die mit Brot, Boilie, Made oder Mais gemacht wurden. Die Fänger hatten also eher andere Zielfische als Rapfen im Hinterkopf. Die Zahlen sprechen für sich. Eine selektivere Angelmethode als das Fischen mit Kunstködern scheint noch nicht erfunden zu sein. Obwohl ich regionale Unterschiede nicht ausschließen möchte. Beim Futterkorbangeln im italienischen Mittellauf des Pos habe ich regelmäßig Rapfen auf Maden gefangen. Dass es sich dabei um kleinere Exemplare gehandelt hat will ich nicht verschweigen, aber vielleicht verhindert dieses Wissen an anderer Stelle ja allzu schnelle Verallgemeinerungen. Und noch eine Erkenntnis aus meiner Auswertung: Je länger die Naturkö-

Verblüffende Ähnlichkeit – kein Wunder, dass Rapfen so gut mit Kunstködern gefangen werden können.

derfänge zurücklagen, desto mehr häuften sie sich. Haben Rapfen im Jahre 2012 weniger Appetit auf Naturkost oder liegt es daran, dass vor 10 Jahren noch häufiger mit Köderfisch geangelt wurde als heute? Obwohl die Verwendung des lebenden Köderfisches seit vielen Jahren nicht mehr erlaubt ist, konnte ich beobachten, dass dieses Verbot in vielen Köpfen erst deutlich später realisiert wurde und viele Angler sich auch lange Zeit nicht darum geschert haben. Inzwischen halten sich immer mehr daran und setzen den toten Köderfisch ein. Und der ist nun wirklich nicht erste Wahl zum Rapfenangeln. Gleichzeitig der Grund, warum dieses Buch ein reines Kunstköder-Nachschlagewerk geworden ist. Bringen wir es auf den Punkt und konstruieren eine mathematische Formel aus diesen Statistikwerten. Unsere Formel lautet: (Fließwasser + Sommer) x Kunstköder = Rapfen!

In der Nachbarschaft

Dass der Rapfen eine weite Verbreitung hat, haben Sie vorhin im Biologiekapitel gelesen. Wie sieht es also in unseren neun Nachbarländern aus? In Österreich ist der Schied, wie er dort genannt wird, als typischer Donaufisch bekannt. In den letzten Jahren wurde er aber immer häufiger auch in stehenden Gewässern bis nach Kärnten gefangen und man kann heute stellenweise von beangelbaren Beständen sprechen.

Sommer, Sonne, Sonnenschein – Rapfen lieben es!

Gelegentlich wird sogar von richtig kapitalen Fischen von über 90 Zentimetern Länge berichtet, die oft von Zanderanglern mit toten Köderfischen gefangen werden. Es wird vermutet, dass Angler Schuld daran tragen, dass sich der Schied immer weiter verbreitet, weil sie die Rapfen als Köderfisch mit ans Wasser bringen und übrig gebliebene Exemplare später im Gewässer aussetzten. Ein großes Problem übrigens, nicht nur was die Verbreitung von Rapfen betrifft. Und ja, ich habe dies bereits bei der Biologie erwähnt, aber oft genug kann man gar nicht darauf hinweisen und deshalb zeige ich hier noch mal den erhobenen Zeigefinger. Wissenschaftler sind sich einig, dass immer wieder heimische Fischarten durch gut gemeinte Besatzmaßnahmen von Anglern verdrängt werden. Man denke hier zum Beispiel an die Welse im spanischen Ebro, durch die sich der Fluss vollständig verändert hat. Bei meinen Recherchen zu diesem Buch wurde ich von den Wissenschaftlern extra darum gebeten, dieses Problem anzusprechen, um zu verhindern, dass Angler weiterhin quer durch Europa Fischarten transportieren, um sie anderswo wieder auszusetzen. Diese Praxis verstärkt das Neubioten-Problem massiv. Im schlimmsten

Der Österreicher Andreas Zachbauer zeigt einen wilden Donau-Rapfen.

Fall kann man sogar von einem Populations-Totalschaden ausgehen, was die verdrängten Fischarten angeht. Operation gelungen – viele Patienten tot!

In Holland und Belgien sind Rapfen ebenfalls noch nicht sehr lange heimisch, inzwischen aber in allen großen Gewässersystemen zu finden. Ebenso in der Schweiz und Frankreich. Auch hier gehören Rapfen nicht zu den nativen Spezies. Eine genaue Übersicht über das Angeln in den Niederlanden gibt Michel Dekker ab Seite 198.

Von Fängen aus Luxemburg und Dänemark ist mir nichts bekannt, allerdings sind Rapfen in Schweden und Norwegen heimisch und man hört immer wieder von guten Fängen, insbesondere aus Schweden.

In Polen und Tschechien hat das Rapfenangeln eine längere Tradition. Bei unseren polnischen Nachbarn ist es allen voran natürlich die Königin der Flüsse, die Weichsel, und andere Wasserstraßen, in denen Rapfen gefangen werden. Der polnische Angeljournalist Kamil Walicki berichtet von Fängen aus Weichsel, Bug, Oder (Odra) und Narew ebenso, wie aus den kleineren Flüssen Warthe (Warta), Wieprz und Pilica. Und auch viele Seen, insbesondere Stauseen,

Der Pole Kamil Walicki mit einem guten Rapfen aus der Wisła (Weichsel).

beherbergen gute Bestände. Rapfenangeln ist sehr beliebt in Polen und nach Ende der Schonzeit (1. Januar bis 30. April) stehen viele Angler in den Startlöchern. Fische von 50 bis 60 Zentimetern Länge gelten als normal, Siebziger sind nicht gerade selten und mit ein wenig Glück gelingt hin und wieder der Fang von Fischen über 80 Zentimetern Länge. Kamil berichtete uns, dass sich auch in Polen immer mehr das Catch & Release durchsetzt, was natürlich erfreulich ist. Und dies schlägt sich in den Fängen entsprechend nieder. Auch hier warten alle Angler gespannt auf den ersten Meter-Rapfen. Die Chancen stehen gut, denn der offizielle Rekordfisch in Polen hat eine Länge von gigantischen 99 Zentimetern – einer geht noch! Irgendwann ganz sicher!

Zu einem Status als echter Rapfen-Guru hat es der Pole Robert Hamer geschafft, der nicht nur in seiner Heimat, sondern auch hier in Deutschland viel Wissenswertes über das Rapfenangeln in unterschiedlichen Magazinen veröffentlicht hat. Das Besondere ist, dass Robert seine Rapfenköder (wie einige andere polnische Angler auch)

selber baut. Die bestehen aus einem schlanken Bleikopf mit eingegossenem Drahtgestell, an dem der Haken und der (Gummi)Körper des Köders befestigt werden. Mit diesem Fischimitat wurden schon Tausende Rapfen überlistet. Einen Hamer-Köde besitze ich selbst, aber der wird kaum den Weg aus der Vitrine ans Wasser antreten – Sammelleidenschaft.

Köder ohne Namen – der polnische Rapfen-Guru Robert Hamer baut diese baut diese Imitate selbst.

Zur Situation der Rapfenfänge in Tschechien befragte ich Ivan Finta, Chefredakteur des Magazins Cesky rybar. Der erkennt zwei völlig kontroverse Betrachtungsweisen unter tschechischen Anglern. Auf der einen Seite stehen diejenigen, die den Rapfen als hervorragenden Sportfisch ansehen und sich insgeheim sogar darüber freuen, dass es noch eine zweite, sehr große Gruppe Angler gibt: Fischverwerter.

Die zeigen aufgrund der minderwertigen Küchentauglichkeit nämlich kaum Interesse am Rapfen. Gut so, dadurch können sich ihre Bestände ganz hervorragend entwickeln. Fische bis acht Kilo Gewicht sind in Tschechien bisher gefangen worden. Wie überall finden sich die Fische in den großen Flüssen Moldau (Vltava), Elbe (Labe), March (Morava) und Dyje (Thaya), aber auch – und das ist besonders interessant – in den großen Staudämmen wie Lipno, Orlik und Zermanice. Sie erinnern sich: In stehenden Gewässern wachsen die Burschen in der Regel zu ganz besonders großen Brocken heran. Und wenn sie von den Einheimischen nur mäßig beangelt werden, kann man ganz sicher mit gewichtigen Überraschungen rechnen – spannend!
Ivan hat keinerlei Zweifel daran, dass in „seinen" Gewässern noch viel Unentdecktes schlummert, weil den Rapfen bisher viel zu wenig Beachtung geschenkt wurde.
Wenn Sie, lieber Leser, also mit der Angelrute im Gepäck nach Tschechien reisen, sollten Sie unbedingt den einen oder anderen Oberflächenköder in der Box haben. Die meisten werden die Fische noch nicht zu Gesicht bekommen haben. Attacke, die Rapfen warten schon auf Sie!

Der Lipno-Stausee: viel Wasserfläche. Hier warten kapitale Überraschungen!

Spinnfischen

RUTE, ROLLE, SCHNUR – UNSER WERKZEUG

Bevor ich mit dem Rapfenangeln anfing, wurde mir von den Glückli-
chen, die wissen wie es geht, immerzu von den brachialen Bissen
berichtet. Hammerhart sollen die Rapfen in die Rute knallen und
nicht selten gleich das Vorfach zum Zerreißen bringen, wenn es zu
dünn gewählt ist. So wurde es früher erzählt – und heute ist es immer
noch so! Nein, kein Anglerlatein, die Bisse sind wirklich der Hammer!
Wer schon ein paar Rapfen in seinem Fangbuch stehen hat, kann
es bestätigen.

Ich gestehe, in den Anfangszeiten mochte ich das alles nicht so recht
glauben und rückte mit viel zu dünnem Vorfachmaterial am Wasser
an. Weil heikle Rapfen an manchen Tagen ja jeden Köder ignorieren
sollten, wollte ich bei ihnen jeden Zweifel in Sachen Vorfach ausschließen. Sie ahnen sicher schon was passierte und Sie haben
Recht: Ich verlor gleich mehrere Fische und mit ihnen auch einige
Schätze aus meiner Köderbox. Tschüss Rapfen – Hallo Angelgerätehändler! Inzwischen gehe ich kein Risiko mehr ein und verwende
Fluorocarbon- oder Hardmonovorfächer in Stärken ab 0,30 Millimeter.

Meinen Fängen hat es nicht geschadet. Im Gegenteil, an den letzten Schnurbruch kann ich mich nicht mehr erinnern.

Wissenschaft, die Wissen schafft!

Aber warum ist das eigentlich so? Wieso reißen uns die Fische fast die Rute aus der Hand? Und ganz besonders: Was bedeutet das für unsere Gerätezusammenstellung? Die Antwort lieferte vor einiger Zeit der niederländische Angler Willem Stolk. Der half einer Gruppe Biologen von der Universität Antwerpen bei einem Projekt, dass sich mit der Frage beschäftigte, wie Rapfen es schaffen, ihre Beute mit dem zahnlosen Maul festzuhalten. Willem war als erfahrener Rapfenangler für die Beschaffung der Fische verantwortlich und schon bald drehten in den Hälterbecken des Instituts einige Rapfen ihre Runden. Einen ganzen Monat dauerte es, bis die Fische in der ungewohnten Umgebung mit dem Fressen begannen. Und jetzt fanden die Wissenschaftler mit Hilfe moderner High Speed-Kameras Erstaunliches heraus: Das Festhalten der Beute geschieht mit einem kleinen Knochen im Unterkiefer, der nach oben fährt, sobald die Beute im Maul ist und damit ein Entkommen verhindert – interessant.

Rapfenbisse sind der Hammer!

Noch interessanter ist allerdings die Erkenntnis, dass Rapfen nach dem Packen der Beute in einer fließenden Bewegung sofort zum Ausgangspunkt zurückkehren. Aha! Die sofortige Wende erklärt, warum die Bisse so hart in die Rute schießen und die Rollenbremse ohne Verzögerung aufkreischt. Schon oft habe ich Bisse (und Fehlbisse) in unmittelbarer Bootsnähe bekommen und konnte das Gleiche beobachten. Die Fische kamen wie aus dem Nichts von der Seite heran geschossen und verschwanden mit einer kurzen Drehung wieder von der Bildfläche. Und es geht weiter: Von Biologen und Neurochirurgen des AMC (Academic Medical Centre) in Amsterdam erfuhr Willem, dass Rapfen in den Augen spezielle Sehzellen besitzen, die auf die Wahrnehmung sehr schneller Bewegungen ausge-

Fluorocarbon-vorfächer können von den Fischen schlechter gesehen werden. Dünner als 0,30 Millimeter sollte der Durchmesser allerdings nicht sein.

richtet sind. Kennen wir das nicht irgendwoher? Na klar, bei Katzen ist das genauso! Führt man kleine Gegenstände in raschen Bewegungen an den kleinen Stubentigern vorbei, können sie gar nicht anders: sie stürzen sich mit den Vorderläufen auf die vermeintliche Beute – immer wieder. Und weil Rapfen eben keine Vorderläufe besitzen, reißen sie das Maul auf. Ich bin mir inzwischen sicher, dass wir viele Rapfenbisse aufgrund dieses Reflexes und weniger wegen des Appetits der Räuber erhalten.

Zwischen Ober-
und Unterkiefer
eingeklemmt, hat
die Beute keine
Chance. Hier
hatte allerdings
der Rapfen das
Nachsehen.

Alles richtig
gemacht! Mein
Namensvetter
und regelmäßiger
Angelpartner
Florian Meyer hat
schon Hunderte
Rapfen in die
Kamera gehalten
und weiß, worauf
es beim Gerät
ankommt.

Ruten: weich und lang

Nach diesem kleinen Exkurs in das Jagdverhalten unserer beschuppten Freunde wird für die Gerätezusammenstellung vieles klarer. Weil
Rapfen immer aus heiterem Himmel zwischen unsere Köderführung
grätschen, machen harte Ruten wenig Sinn. Viele ausgeschlitzte Fische wären die Folge. Ich verwende ausschließlich Modelle mit para-
bolischer oder semi-parabolischer Aktion, damit die harten Attacken

gut abgefedert werden können. Zusätzlich halte ich die Rollenbremse ein gutes Stück geöffnet. Sie darf beim Biss ruhig einmal kurz aufkreischen. Sind besonders weite Würfe erforderlich (und das ist meistens so beim Rapfenangeln) verwende ich 2,70 Meter lange Ruten mit einem Wurfgewicht von etwa 20 bis 50 Gramm. Die laden sich beim Werfen mit kleinen Ködern am besten auf und sorgen damit für respektable Wurfweiten. Meine absolute Lieblingsrute zum Rapfenangeln ist die Greys GRXi Spin in 2,7 Meter Länge mit einem Wurfgewicht von 15 bis 35 Gramm. Solche Ruten sind natürlich alles andere als das, was heutzutage zum Angeln mit Gummifischen eingesetzt wird. Wir müssen umdenken: Hechte und Zander klemmen den Köder wie im Schraubstock zwischen ihren Zähnen ein. Der Anschlag

Ruten mit nicht zu steifer Aktion sind genau das Richtige, um die rasanten Bisse und Fluchten abzufangen.

soll den Köder zwischen den Zähnen bewegen und zusätzlich den Haken in den knochigen Kiefer treiben. Logisch, dass dafür stramme Ruten, eine geschlossene Rollenbremse und kräftige Anschläge nötig sind. Das ist aber eine andere Zielgruppe. Wir wollen Rapfen fangen und da sind stramme Ruten und geschlossene Rollenbremsen eben die schlechtere Wahl.

Für alle, die allerdings nichts anderes im (Ruten-) Schrank haben, hier noch ein guter Tipp, wie ausgestiegene Fische verhindert werden können: Ein kleines Hilfsmittel, das sonst von Feederanglern eingesetzt wird, kann gut für unsere Zwecke entfremdet werden: sogenannte Feeder Links. Eigentlich handelt es sich dabei lediglich um

Geniales Hilfsmittel bei zu harten Ruten: Middy Feeder Links. Die kleinen Gummipuffer werden normalerweise von Futterkorbanglern eingesetzt.

sehr strapazierfähige Gummibänder, die von Friedfisch-anglern beim Einsatz schwerer Futterkörbe und dünner Schnur als Shock Absorber zwischengeschaltet werden. Gute Idee! Was dort die Wucht des Auswerfens federt, eignet sich genauso gut, um die Gewalt harter Rapfen-bisse zu dämpfen. Ich habe mit Erfolg die transparenten Feeder Links des englischen Herstellers Middy einge-setzt. (erhältlich zum Beispiel über *www.friedfischen.de*)

Ganz wichtiges Detail beim Rapfenangeln sind ultra-scharfe Haken. Die Haken müssen im Fischmaul regel-recht „kleben" bleiben. Kontrollieren Sie also regelmäßig und pedantisch die Drillinge an ihren Ködern. Alles was nicht hundertprozentig scharf ist – und ich meine wirklich scharf – muss nachgeschärft oder ausgetauscht werden. Es wäre doch ärgerlich, wenn nach zwei Stunden endlich der ersehnte Biss durch den Rutenblank schießt und sich der Fisch nach kurzem Drill wieder verabschiedet.

Genaues Hinsehen lohnt sich: Mit dieser Hakenspitze lässt sich ein Fisch nur schwer haken.

Rolle 2000

Gut, die Rutenwahl hätten wir also geklärt. Und die Einstellung der Rollenbremse gleich mit. Für welchen Hersteller Ihrer Kurbelmaschi-ne Sie sich entscheiden, ist eigentlich nicht ausschlaggebend. Wich-tig ist, dass die Rolle leichtläufig ist, sonst wird ein Angeltag schnell anstrengend. Wer den ganzen Tag gegen Widerstand ankurbelt, wird es schon bald in Arm und Handgelenk zu spüren bekommen. Aus diesem Grund rate ich auch von Rollengrößen unter den 2000er Serien ab. Wer mit diesen Micky Maus-Rollen seinen Köder auf Tem-po bringen will, muss schon einen Hang zur Selbstkasteiung haben. Auf Dauer ist das nämlich mehr als mühsam. Größer als ein 4000er Modell soll die Rolle allerdings auch nicht ausfallen. Damit lässt sich der Köder zwar ermüdungsfrei auf optimale Reisegeschwindigkeit bringen, allerdings nehmen wir uns mit diesen überdimensionierten (und schweren) Rollen auch viel Angel- und Drillspaß. Spaß beiseite? Nicht beim Angeln!

Stationärrollen in 2000er Größe sind ideale Kurbelmaschinen.

Als Hauptschnur verwende ich geflochtene Power Pro Schnur mit Durchmessern um 0,10 Millimeter. (Im Fachhandel über Shimano erhältlich.) Die zeichnet sich durch ausgesprochene Langlebigkeit aus, nimmt kaum Wasser auf und hat sehr gute Wurfeigenschaften. Wie eingangs beschrieben, setze ich Hardmono- oder Fluorocarbonvorfächer in Stärken zwischen 0,30 und 0,35 Millimetern ein, die ich mit einem kleinen Wirbel oder einem Rig-Ring aus dem Karpfenanglerbedarf verbinde. Die zweite Variante halte ich für unauffälliger und ich glaube, dass dies bei klarem Wasser einen Unterschied machen kann. Noch besser, weil unauffälliger, funktioniert's mit dem doppelten Grinner-Knoten.

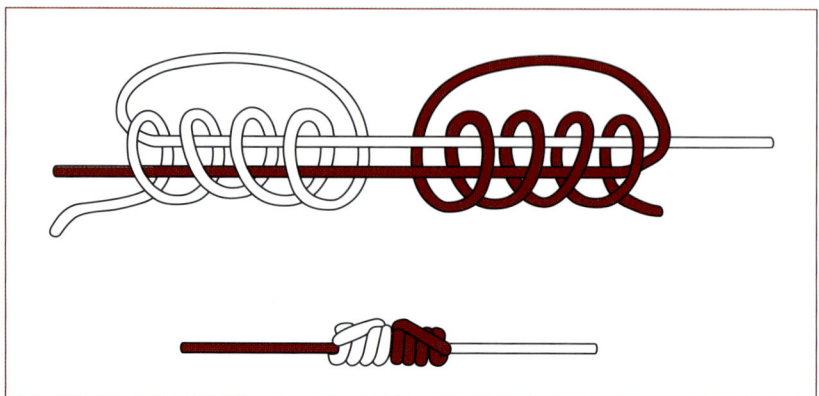

Der Grinner-Knoten

Vielleicht ist aber auch nur der Wunsch der Vater des Gedankens – ich weiß es nicht.

Als Einhänger haben sich bei mir einfache Rosco DuoLock Snaps in Größe 2 und 1 bewährt. (Erhältlich über *www.camo-tackle.de*) Die haben eine Tragkraft von 11,3 Kilo und 9 Kilo, sind leicht genug, um das natürliche Spiel der kleinen Köder nicht zu stören und kosten im 50er-Pack nur erfreuliche acht Euro.

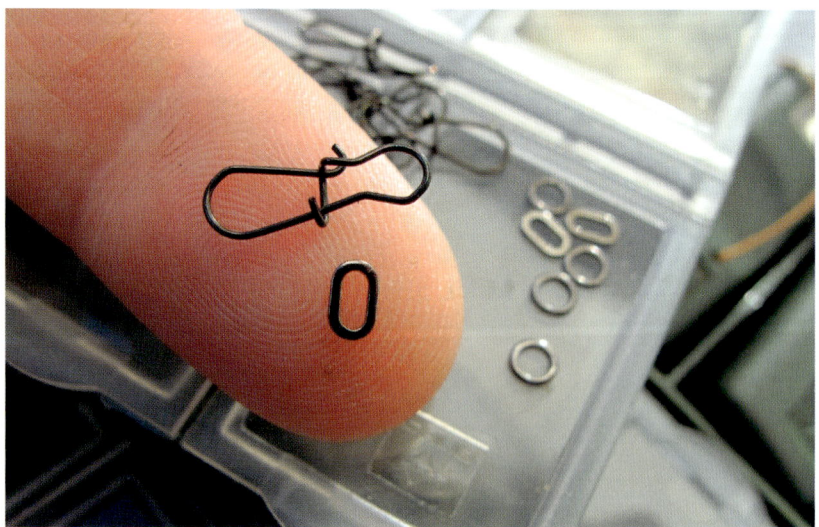

Kleine Rig-Rings aus dem Karpfen-anglerbedarf und Rosco DuoLock Snaps – das sind meine beiden liebsten Vorfach-Endstücke.

KÖDER – LECKERBISSEN MIT FANGGARANTIE

Köder, mein Lieblingsthema – ganz besonders beim Rapfenangeln! Und die gute Nachricht schicke ich gleich vorweg: Es gibt viele Angeltage, an denen das Ködermodell nur eine untergeordnete Rolle spielt. Wobbler, Spinner, Popper? Oder doch lieber den guten alten Blinker? Vollkommen egal. Vorausgesetzt, der Köder läuft in der richtigen Tiefe, werden wir sicherlich mit krummer Rute und singender Schnur belohnt.

Die schlechte Nachricht: Es ist kaum vorherzusagen, welches die optimale Tiefe ist, die unserem Zielfisch heute nun gerade genehm ist – und ich spreche hier im Extremfall von 20 oder 30 Zentimetern Unterschied in der Lauftiefe. Das ist die Krux an der Sache. Eigentlich brauchen wir nur einen einzigen Köder, weil es jetzt aber der eine und morgen schon der andere sein kann, kommen wir um eine gute Auswahl doch nicht herum. Ich habe im Laufe der Jahre eine ansehnliche Summe Geld in fingerlange Köder, die ins Beuteschema passen, gesteckt. Mit fast allen Ködern konnte ich Rapfen überlisten.

Angefangen beim Ein-Euro-Billig-Blinker vom Grabbeltisch, bis zum teuersten Japan-Wobbler im Wert eines Drei-Gänge-Menus im Restaurant um die Ecke – inklusive Getränk. Und obwohl sich die Rapfen von den meisten Ködern hinters Licht führen ließen, waren einige doch besser als andere. Häufig sind es ganz banale Gründe, warum etliche aus dem Raster fallen. Viele der Imitate sehen im Angelgeschäft toll aus, haben aber katastrophale Flugeigenschaften. Das gibt natürlich erhebliche Abzüge in der B-Note. Was nützt uns der schickste Köder, wenn er wenige Meter vor unseren Füßen ins Wasser platscht und die Fische nicht erreicht? Zu nah möchte oder kann man sich ja auch nicht an die Fische herantrauen, sonst sind sie schneller weg, als uns lieb ist. Noch schlechter steht es um den Köder allerdings, wenn es Abzüge in der A-Note hagelt. Wie beim Sport: Wer beim Dreifachen Rittberger auf die Nase fällt, braucht sich beim Eiskunstlauf keine Hoffnung auf einen Medaillenplatz machen. Einem Wobbler, der unseren schnellen Führungsstil nicht verträgt und ewig zur Seite

Ein weißer Köder? Nein, nur die Farbe war schon fast vollständig abgeblättert. Den Rapfen hat's nicht gestört.

ausbricht, geht's nicht anders. Der fliegt auch aus dem Erfolgs-Kader und darf das nächste Mal zu Hause bleiben.

Im Laufe der Jahre haben sich bei mir inzwischen viele Köder einen Stammplatz in der Köderbox erspielt, nachdem andere wieder rausgeflogen sind. Eine Chance haben alle bekommen, aber einige fangen eben in der ersten Liga, andere in der Regionalklasse und viele sind aus meiner Sicht schlichtweg ungeeignet, um meinem hohen Anspruch gerecht zu werden. Ersparen Sie sich also teure Fehlinvestitionen, nachfolgend werde ich Ihnen meine Mitspieler der Reihe

Der Rapfen ließ sich einen Squad Minnow Firetiger schmecken.

Bei so einem
Rapfen strahlen
Fänger und Sonne
um die Wette.

nach und mit all ihren Stärken und Schwächen vorstellen. Die entsprechenden Bezugsquellen finden Sie hinten im Buch. Dabei handelt es sich ausdrücklich nicht um eine abschließende Aufzählung.
Vielleicht haben Sie sogar vollkommen gegensätzliche Erfahrungen
gemacht und konnten mit anderen Ködern besser punkten und dafür
mit meinen Favoriten nichts (an-)fangen. Viele Köderprodukte fangen ja nicht nur Fische, sondern vor allem: Angler! Wir sind ja nicht
nur Jäger, auch Sammler! Ich kann mir zumindest nicht absprechen,
dass einige Köder den Weg in meine Box tatsächlich nur gefunden
haben, weil ich sie an der großen Kunstköderwand im Angelgeschäft
besonders sexy fand und sie später dann zusätzlich die Fangprobe
bestanden haben.

WOBBLER – WAFFEN MIT TIEFGANG

Kennen Sie Rapfenbleie? Absolute Klassiker – noch vor wenigen
Jahren wurden die Dinger als DER Rapfenköder verkauft. Die Gründe dafür sind mir aus heutiger Sicht schleierhaft und ich denke,
eigentlich ist es auch nur ein einziger Grund: die fantastischen Flugeigenschaften dieses Kleinköders. In vielen Fällen rauben Rapfen
außerhalb „normaler" Wurfdistanzen. Der Erfolg ist dem garantiert,

Mit dem Wobbler
im Maul geht's
noch mal auf
Tauchstation. Oft
beißen größere
Exemplare auf
diesen Ködertyp.

der es irgendwie schafft, einen Köder dort hin zu befördern. Und wenn die Würfe mit dem anderen Zeugs aus der Box auf halbem Weg verhungern, das Rapfenblei aber zumindest den Zielort erreicht, dann gibt es eben auch darauf den einen oder anderen Biss. Ansonsten ist die Mär vom Rapfenblei die gleiche, wie die von der Kartoffel beim Karpfenangeln. Auf die wurden schon vor dreißig Jahren Karpfen auf die Schuppen gelegt und auch in Zukunft wird sich ganz sicher immer mal wieder ein Rüssler für die Stärkeknolle interessieren, aber ansonsten: alter Hut! Total überholt und spätestens seit Erfindung des Boilies an der Haarmontage gibt es heute einen Köder, der ungefähr zehn hoch drei mal so erfolgreich ist wie die gute alte Kartoffel. Lehne ich mich zu weit aus dem Fenster, wenn ich behaupte, das Rapfenblei ist die Kartoffel der Kunstköderangler? Ein absoluter Anachronismus. Und ich gehe weiter: Denn Wobbler betrachte ich als die wahren Boilies für Rapfen. Selektiv, in unzähligen Varianten verfügbar und Fehlbisse gibt's auch nur selten.

Ja, ich bin ein Wobbler-Fan, das muss ich gestehen. Gute Modelle laufen stabil im Wasser und stets exakt in einer Tiefe. Will ich die Tiefe ändern, wähle ich eine andere Ausführung. Anders als bei anderen Ködern, deren Lauftiefe viel stärker von der Absinkphase und Einholgeschwindigkeit abhängt. Ein weiterer Aspekt, warum ich Wobblern den Vorzug gebe, ist allerdings ihr Bauchdrilling. Mindestens 70 Prozent meiner gefangenen Rapfen bleiben nämlich genau an dem hängen. Stellenweise habe ich sogar die Schwanzdrillinge meiner Wobbler entfernt, weil die sich ewig außen am Kopf des Fisches eingeklinkt haben, während der bauchseitige Drilling im Maul hing. Der Grund übrigens, warum ich nicht mit Küstenwobblern (auf Rapfen) fische, deren gute Wurfeigenschaft Meerforellenangler so sehr schätzen, ist ihre fehlende Bauchdrilling. Mir ist die Fehlbissquote mit diesen Ködern eindeutig zu hoch. Ich weiß, dass viele Rapfenangler auf Spöket, Toby & Co schwören, ich habe sie aus meiner Box verbannt – Sie müssen es mir ja nicht unbedingt nachmachen.

Ich verwende folgende Wobbler mit Erfolg:

Bevy Shad 75 SP– Lucky Craft

Gewicht: 10 Gramm; **Länge**: 7,5 Zentimeter; **Flugeigenschaften**: gut; **Lauftiefe**: 1,5 bis 2 Meter; schwebend; **Geräuschkugeln**: ja; **Lieblingsfarben**: Musky, MS American Shad, Aurora Black
Den Bevy Shad setze ich gerne ein, wenn ich in etwas tiefere Wasserschichten vordringen muss. Ganz besonders eignet sich dieser Köder für ausgedehnte Pausen zwischen den Kurbelumdrehungen, da er aufgrund seiner Schwerelosigkeit in der entsprechenden Tiefe verharrt – sekundenlang! Kleine Zupfer aus dem Handgelenk beantwortet der Bevy mit verführerischem Aufflanken.

Mike lässt alles raus – die Köderwahl war wieder mal genau richtig.

Butcher –Salmo

Gewicht: 5 Gramm; **Länge:** 5 Zentimeter; **Flugeigenschaften:** mittel bis gut; **Lauftiefe:** 0,7 bis 1 Meter; schwimmend; **Geräuschkugeln:** nein; **Lieblingsfarben:** Green Tiger, Grey Silver, Butcher

Setze ich im Frühjahr auf Kleinköder, ist der Butcher eine echte Koryphäe. Leider fliegt die schwimmende Version dieses „Crankbaits" (engl. crank = kurbeln. Also Wobbler, denen durch einfaches Kurbeln Leben eingehaucht wird) nicht so richtig, richtig weit. Wer seinen sinkenden Bruder mit 2 Gramm mehr Gewicht in den Wirbel einhängt, kann den einen oder anderen Extra-Meter herausholen. Den Butcher führe ich gleichmäßig in mittlerer Geschwindigkeit, da er bei mehr Speed dazu neigt, seitlich auszubrechen.

Chubby – Illex

Gewicht: 4 Gramm; **Länge:** 3,8 Zentimeter; **Flugeigenschaften:** mittel; **Lauftiefe:** 0,5 Meter; schwimmend; **Geräuschkugeln:** ja; **Lieblingsfarben:** Bone, Truitelle, Perch

Den Chubby mag ich sehr. Die Rapfen auch! Nachteil: Mit seinen 3,8 Zentimetern Länge ist der kleine Rasselkäfer ein echter Miniaturhappen – mit noch viel kleineren Haken. Und die schlitzen bei den harten Bissen dann auch gerne mal aus. Ärgerlich! Sind besonders große Rapfen zu erwarten, bleibt er also vorsichtshalber in der Box. Bei kleineren Fischen oder wenn zusätzlich mit Alanden zu rechnen ist, wird er zur ersten Wahl. Damit der Zwerg sein Laufverhalten beibehält, verwende ich sehr kleine Einhänger mit wenig Eigengewicht.

Coltminnow 80 – Illex

Gewicht: 6,2 Gramm; **Länge:** 8 Zentimeter; **Flugeigenschaften:** gut; **Lauftiefe:** 0,5 Meter; schwebend; **Geräuschkugeln:** ja; **Lieblingsfarben:** HL Wakin, Ghost Ayu

Der Coltminnow ist ein weiterer „Suspending" – also schwebender – Wobbler. Seine schlanke Form erinnert an das normale Nahrungsangebot der Rapfen. Der pfeilförmige Köder verträgt kleine Schläge mit der Rute, die ihn schön aufblitzen lassen. Sind kleinere Futterfische vorhanden, kann sein kleiner Bruder mit 6,5 Zentimetern Länge und 3,8 Gramm Gewicht vorteilhaft sein.

Sind Alande am Platz, setze ich auf den Chubby. Mein Sohn Dennis ebenfalls, der hier mit einem besonders großen Exemplar verwöhnt wurde.

Countdown – Rapala

Gewicht: 7 Gramm; **Länge:** 7 Zentimeter; **Flugeigenschaften:** mittel bis gut; **Lauftiefe:** 0,5 bis 1 Meter; sinkend; **Geräuschkugeln:** nein; **Lieblingsfarben:** Firetiger, Silver

Mit dem Countdown konnte ich viele Rapfen ins Boot bringen. Der kleine Bursche fliegt nicht ganz so weit wie andere Köder, aber wenn man relativ dicht an die Fische herankommt, hat man keinen Nachteil. Und wenn doch etwas mehr Wurfweite erforderlich ist, wird man mit der zwei Zentimeter größeren Ausführung einige Meter weiter kommen, denn die wiegt gleich 5 Gramm mehr. Die Kehrseite: Das große Modell läuft etwas tiefer.

Jointed – Rapala

Gewicht: 6 Gramm; **Länge:** 9 Zentimeter; **Flugeigenschaften:** mittel; **Lauftiefe:** 0,5 Meter; schwimmend; **Geräuschkugeln:** nein; **Lieblingsfarben:** Gold Fluorescent Red, Silver

Wer ist schon makellos? Der Jointed auf jeden Fall nicht, wenn es ums Rapfenangeln geht. Weite Flüge sind nämlich nicht sein Ding und was der zweiteilige Schwimmwobbler so gar nicht mag, ist zügiges Einholen. Blöd, ist es doch genau das, was unsere weißen Räuber so sehr schätzen. Pappelerpapp! Trotzdem hat mir der Jointed schon zu einigen Rapfen verholfen. Ich kann ihn vielleicht nicht unbedingt als Geheimwaffe empfehlen, aber: Wer fängt, hat Recht! Und das hatte er eben schon einige Male. Ob es sein lebhaftes Spiel ist, was die Rapfen so betört? Wir wissen es nicht.

Minnow – Salmo

Gewicht: 7 Gramm; **Länge:** 7 Zentimeter; **Flugeigenschaften:** ausreichend; **Lauftiefe:** 1,2 bis 2 Meter; schwimmend; **Geräuschkugeln:** nein; **Lieblingsfarben:** D (Rotauge-Imitat), GT (Barsch-Imitat)

Der tief tauchende Minnow mit seiner langen Lippe ist zu tadeln, wenn Sie mich nach meiner Meinung seiner Flugeigenschaften fragen. Dafür verträgt er trotz seiner ausladenden Tauchschaufel eine rasche Führung und bricht nicht seitlich aus. Damit ist er bei tief stehenden Fischen eine Bank. Der Minnow mag etwas kräftigere Schläge mit der Rute, sollte aber mit (wenn überhaupt) nur kurzen Pausen eingeholt werden, weil er rasch aufsteigt.

Der Jointed brachte mir an einigen Tagen besonders viel Erfolg.

Pointer 100 SP– Lucky Craft

Gewicht: 17 Gramm; **Länge:** 10 Zentimeter; **Flugeigenschaften:** sehr gut; **Lauftiefe:** 0,8 bis 1,2 Meter; schwebend; **Geräuschkugeln:** ja; **Lieblingsfarben:** Clear Lake Hitch, American Shad

Der Pointer ist ein absoluter Klassiker aus dem Hause Lucky Craft, den es gleich in drei Größen zu kaufen gibt: 6,5; 7,8 und 10 Zentimeter. Dieser Köder ist ein echtes Wurfwunder, was sicherlich auf sein relativ hohes Gewicht zurückzuführen ist. Ich mag die Variante mit Geräuschkugeln, wer es dezenter mag, kann aber auch eine „silent" Ausführung verwenden. Auch dieser Köder eignet sich für kleine Schläge und Pausen während des Einkurbelns – wenn die Rapfen es so haben wollen. Ansonsten wie bei allen Ködern: kurbeln, kurbeln, kurbeln.

Prey Lure – Savage Gear

Gewicht: 17 Gramm; **Länge:** 9 Zentimeter; **Flugeigenschaften:** sehr gut; **Lauftiefe:** 1,2 bis 1,8 Meter; schwebend; **Geräuschkugeln:** ja; **Lieblingsfarben:** Dirty Silver, Orange

Mit diesem Köder wurde Pandoras Box geöffnet, als wir das nächtliche Rapfenangeln für uns entdeckten. (Siehe Kapitel Nachtfischen ab Seite 123.) Er war es, der mir meinen ersten Rapfen bei Dunkelheit bescherte. Und den zweiten. Und dritten. Klar, dass sich der Prey inzwischen einen Stammplatz in meiner Köderliga erspielt hat. Ich mag die auffällig lauten Geräuschkugeln und sein tolles Wurfverhalten. Für die Oberfläche ist er nix, wenn der Köder aber auf über einen Meter Tiefe gehen soll, kommt der Prey bei mir zum Einsatz.

Shallow Shad Rap – Rapala
Gewicht: 7 Gramm; **Länge:** 7 Zentimeter; **Flugeigenschaften:** ausreichend; **Lauftiefe:** 0,3 bis 0,5 Meter; schwimmend; **Geräuschkugeln:** nein; **Lieblingsfarben:** Silver, Silver-Blue
Der Shad Rap von Rapala – ein Klassiker. Ich weiß nicht, wie viele Jahre es diesen Köder schon gibt. Ich bin überzeugt, dass er längst aus dem Programm genommen wäre, wenn er nicht immer wieder das tun würde, wofür er gemacht wurde: Fangen! Ich hole ihn in gleichmäßiger Geschwindigkeit ein und habe sehr viele Rapfen mit ihm überlistet. Die natürlichen Farben gefallen mir am besten. Ein toller Köder! Seine Flugeigenschaften? Na, irgendwas ist ja immer…

Squad Minnow 80 – Illex

Gewicht: 9,7 Gramm; **Länge:** 8 Zentimeter; **Flugeigenschaften:** mittel bis gut; **Lauftiefe:** 0,3 bis 1 Meter; schwebend; **Geräuschkugeln:** ja; **Lieblingsfarben:** Mat Tiger, Bone, Jelly Shad

Never change a winning team! Unzählige Fische habe ich in den letzten Jahren auf den Squad Minnow gefangen. Heute ist er fast immer der erste Lockvogel, den ich mir an die Schnur knote, wenn ich einen neuen Spot befische. Vertrauen ist bekanntlich der beste Köder und das hat er sich bei mir mühsam „erfangen". Ein echter Alleskönner, der schnellen Zug, Zupfer und Spinnstopps verträgt und ansehnliche Flugeigenschaften hat. Noch einige Meter mehr schafft sein großer Bruder mit seinen 14 Gramm Gewicht bei 1,5 Zentimeter mehr Länge.

Der Squad Minnow von Illex – ein Alleskönner.

Squirell 76 – Illex

Gewicht: 8,6 Gramm; **Länge:** 7,6 Zentimeter; **Flugeigenschaften:** mittel; **Lauftiefe:** 0,5 bis 1 Meter; schwebend; **Geräuschkugeln:** ja; **Lieblingsfarben:** Perch, HL Wakin

Der Squirell, das Eichhörnchen unter den Ködern. Eichhörnchen? Bevor Sie jetzt denken: „Stopp, hier stimmt was nicht!", kläre ich lieber auf. Sonst halten Sie mich noch für völlig gaga. Das kleine niedliche Felltierchen von dem ich eben sprach, heißt auf Englisch

eben Squirell. Und so, wie dies munter mit kleinen Zwischenstopps über die Bäume huscht, lässt sich der Squirell durchs Wasser ziehen. Flink, schnell, fängig! Natürlich auch in der 6,1 Zentimeter kurzen Version. Den aber lieber mit der Ultra-Leicht-Rute, denn seine Haken sind wirklich winzig.

Thrill – Salmo
Gewicht: 25 Gramm; **Länge:** 9 Zentimeter; **Flugeigenschaften:** hervorragend; **Lauftiefe:** 0,3 Meter; sinkend; **Geräuschkugeln:** nein; **Lieblingsfarben:** Holo Bleak, Real Bleak, Olive Bleak, Black Metallic Bleak
Fressen und gefressen werden. Der Thrill wird gefressen – definitiv. Außerdem kann man ihn schon fast als Dartpfeil betrachten, denn genauso fliegt er durch die Lüfte. Pffft…, weg ist er. Die vertikal angebrachte Tauchschaufel lässt ihn in der obersten Wasserschicht durchs Wasser schießen. Und nein, ein Bewegungskünstler ist er nicht, aber lassen Sie sich bitte trotzdem nicht zu längeren Spinnstopps oder anderen Kapriolen hinreißen – ist alles nicht nötig. Der erfolgreichste Führungsstil ist mit drei Worten beschrieben: Kurbeln und Fangen! Nicht umsonst ist er bei meinem Kollegen Arnulf Ehrchen der absolute Nummer-Eins-Köder.

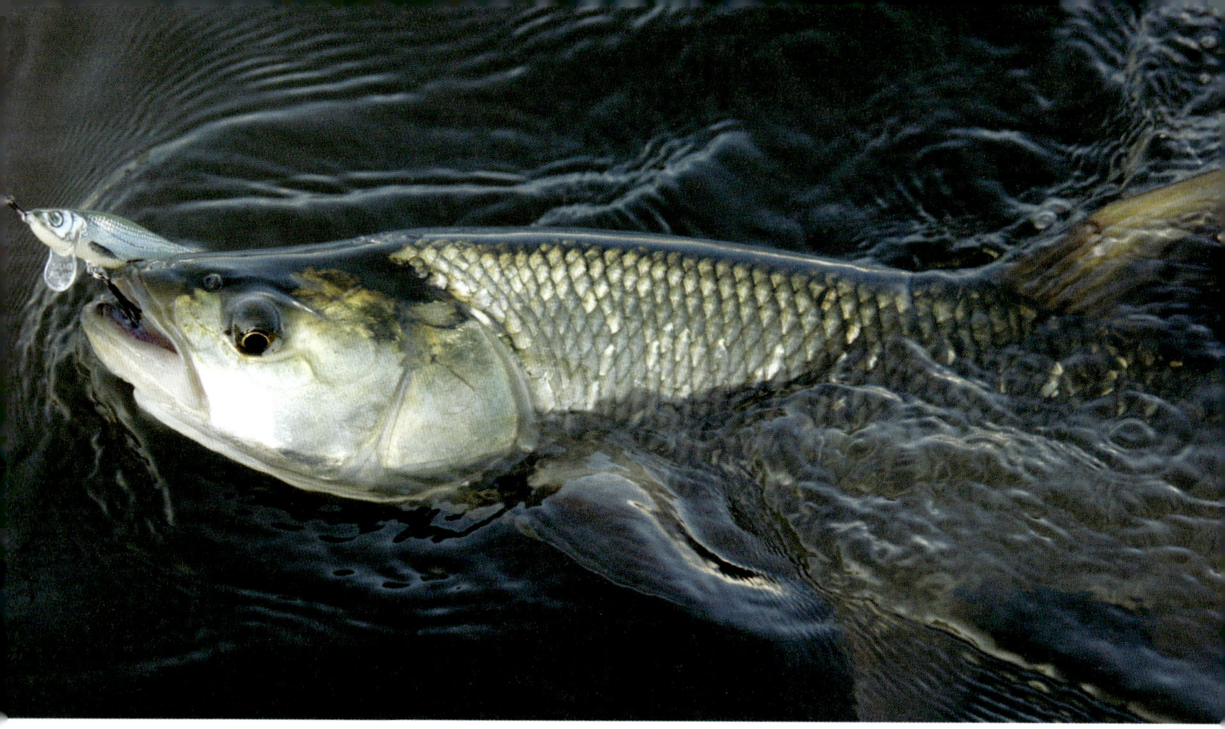

Der Thrill von Salmo fliegt wie ein Dartpfeil und fängt wie eine echte Laube.

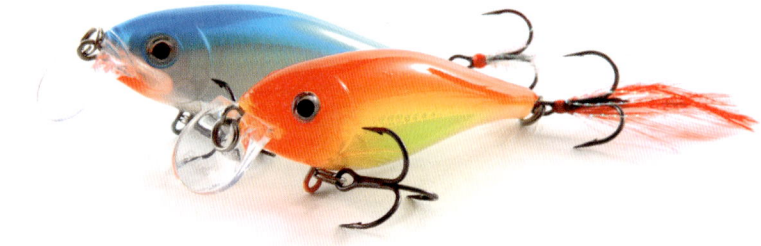

X-Rap Shad Shallow – Rapala

Gewicht: 8 Gramm; **Länge:** 6 Zentimeter; **Flugeigenschaften:** gut; **Lauftiefe:** 0,5 Meter; schwebend; **Geräuschkugeln:** ja; **Lieblingsfarben:** Silver, Silver-Blue

Wissen Sie, was bei mir zum Kaufentschluss geführt hat, als der X-Rap zum ersten Mal in meiner Box landete? Dieser niedlich aufgehübschte Schwanzdrilling. Keine Ahnung, welchem Tier in unseren Flüssen das ähnlich sehen soll, aber ich fand's klasse. Im Wasser macht Mister-X-Rap allerdings ebenfalls eine gute Figur und verführt bis heute regelmäßig Rapfen. Ob's an der Federboa liegt? Ganz sicher aber daran, dass er sich sehr schnell führen lässt und mit kleinen „Twitches“ und Spinnstopps gut klar kommt.

STICK- UND JERKBAITS – FANGEN OHNE TAUCHSCHAUFEL

Rapfenangeln heißt Oberflächenangeln – meistens. An vielen Angeltagen nehmen die Fische ausschließlich Köder, die in den oberen 30 Zentimetern der Wassersäule laufen. Und das bitte ich wörtlich zu nehmen. 50 Zentimeter? Schon zu tief! Dutzendfach habe ich erlebt, dass Köder, die tiefer als eine Unterarmlänge laufen, von den Fischen völlig ignoriert werden. Reine Oberflächenköder wie Popper allerdings auch.

Beobachtet man einen Laubenschwarm im Sonnenlicht, wird schnell klar, warum sich die Rapfen auf die oberen 30 Zentimeter einschießen: Die kleinen Beutefische schwimmen direkt unter der Oberfläche. Genau dort muss unser Köder laufen! Wobblermodelle mit Tauchschaufel – ist sie auch noch so klein – fallen aus dem Raster. Jetzt schlägt die Stunde von Stick- und Jerkbaits, die ohne „dicke Lippe" auskommen. Viele Stickbaits durchbrechen beim Führen immer wieder kurz die Wasseroberfläche oder laufen mit einer Bugwelle im Zickzack („Walk the dog"-Führung.). Das funktioniert an vielen Tagen hervorragend, an ebenso vielen Tagen mögen Rapfen dieses Laufverhalten aber nicht besonders. Die Devise lautet also: Unter, nicht auf oder an der Oberfläche.

Stickbaits, das sind Wobbler ohne Tauchschaufel. Rapfen sind verrückt nach ihnen.

Dafür setze ich folgende Köder ein:

FlutterStick Madflash 10 – Storm

Gewicht: 20 Gramm; **Länge:** 10 Zentimeter; **Flugeigenschaften:** hervorragend; **Lauftiefe:** 0,2 Meter; sinkend; **Geräuschkugeln:** nein; **Lieblingsfarben:** Holo Chrome

Der FlutterStick lässt sich nicht nur ausgezeichnet werfen, zusätzlich läuft er mit ausladenden Links-Rechts-Bewegungen unmittelbar unter der Oberfläche und flankt dabei immer wieder auf. Kein Wunder, dass die Rapfen wie wild auf diesen Köder sind. An manchen Tagen

ist er mit seinen zehn Zentimetern etwas zu groß (oder die Fische zu klein)
und provoziert den einen oder anderen
Fehlbiss, dass der Wechsel auf einen
kleineren Köder angesagt sein könnte.

Slider – Salmo

Gewicht: 17 Gramm; **Länge**: 7 Zentimeter; **Flugeigenschaften**: hervorragend;
Lauftiefe: 0,3 Meter; schwimmend; **Geräuschkugeln**: nein; **Lieblingsfarben**:
Auf den Slider bin ich durchs Hechtan-
geln gekommen, da er in entsprechen-
der Größe einer meiner Lieblings-Jerks
ist. In diesem Buch sind aber Rapfen
meine Hechte, deshalb darf er hier
nicht fehlen. Die sieben Zentimeter kleine, schwimmende Ausführung ist genau
richtig für unseren weiß geschuppten
Zielfisch, wenn er direkt unter der Oberfläche frisst. Ohne jegliches Zutun läuft
der Slider in relativ großen S-Kurven
und lässt die Fische zupacken. Etwas
tiefer fressende Rapfen können mit
dem sinkenden und vier Gramm schwereren Bruder des Sliders beangelt werden. Weiterer Pluspunkt: sensationelle Flugeigenschaften!
In verschiedenen Größen ab fünf Zentimetern erhältlich.

Das ist mal was anderes: Rapfen jerken – mit dem Slider von Salmo.

Water Monitor 85 – Illex

Gewicht: 13,5 Gramm; **Länge:** 8,5 Zentimeter; **Flugeigenschaften:** gut; **Lauftiefe:** 0,1 Meter; sinkend; **Geräuschkugeln:** nein; **Lieblingsfarben:** Shine Katana, SG Wakasagi, Bone

Wenn ich mich für einen einzigen Köder entscheiden sollte, den ich auf eine einsame Rapfeninsel mitnehmen dürfte, wäre es der Water Monitor. Mit ihm habe ich mit Abstand die meisten Sommerrapfen gefangen. Lässt man ihn nach dem Auftreffen auf die Wasseroberfläche für eine Sekunde absinken und holt ihn dann mit nach unten gerichteter Rutenspitze zügig und gleichmäßig (!) ein, läuft er unmittelbar unter der Wasseroberfläche ohne sie zu durchbrechen. So komisch es klingt: Versetzt man dem Köder leichte Schläge mit der Rutenspitze, wirkt das Laufverhalten reizvoller, trotzdem fange ich besser, wenn ich ihn ohne jegliche Bewegung einkurbele. Sein Spiel sieht dann alles andere als schick aus, der Fängigkeit schadet es nicht – im Gegenteil.

Passt perfekt ins Beuteschema: der Water Monitor von Illex.

RATTLE BAITS – VIEL LÄRM UM NICHTS?

Zu etwas überreden lasse ich mich nur ungern. Nur allzu schnell schwingt die Gefahr des Aufdrängens, des beschwatzt werdens, mit. Überzeugen lasse ich mich hingegen liebend gern. Vielleicht nur Wortspielerei, aber „überzeugen" ist doch gleich viel positiver besetzt – finden Sie nicht? Zumindest trägt es etwas Freiwilliges in sich. Bevor ich philosophisch werde: Mein Angelbuddy Marko Freese hat mich ziemlich eindrucksvoll von den hier vorgestellten Rattle Baits überzeugt – und brauchte dafür kein einziges Wort sagen. Eins nach dem anderen: Als Marko mich das erste Mal zum Rapfenangeln begleitete, fing der Tag gleich am ersten Spot munter an. Schon nach wenigen Würfen hing der erste Fisch am Band, kurz darauf der zweite und dann immer mal wieder einer. So ging es weiter. An einigen Angelplätzen konnten wir nicht mal einen Rapfen sehen, an anderen waren wir erfolgreicher. Kein Grund zur Unzufriedenheit also. Die Frage war: Bleibt das so oder wird's noch besser? Es wurde besser!

Mit den Lärmmachern als Köder kommen Sie häufiger in den Genuss einer kleinen Fotosession. Besonders in stärker beangelten Gewässern lohnt ein Versuch.

Reiz ist geil!

Als wir hinter einem Brückenpfeiler zwei oder drei Rapfen aus der Strömung gepflückt hatten, waren die Fische plötzlich wie vom Erdboden verschwunden. Immer mal wieder gab es einen kurzen Stupser in der Rutenspitze ohne dass wir die Fische hakten, bis auch dies irgendwann aufhörte. Eigentlich ein sicheres Zeichen den Spot zu verlassen und an einer anderen Stelle nach weiteren Fischen zu suchen. Bis Marko dieses „Ding" aus seiner Box fingerte: Die Form eines Wassertropfens, sieben Zentimeter lang, einen breit und wenn man es schüttelte, rasselte das Ding wie Trockenerbsen in der Konservenbüchse. Immerhin: zwei aufgeklebte Augen und das aufgedruckte Schuppenmuster sollten dem Betrachter (und womöglich auch den Fischen) weismachen, dass es sich hier um eine Fischattrappe handeln könnte. Und – besonders kurios – die Einhängeöse war nicht üblicherweise die verlängerte Nasenspitze des Köders, sondern befand sich in dessen Nacken. Ich gebe zu, dass auch ich so ein Teil an meiner Köder-Korkwand im Angelkeller hängen habe. Ein Mitbringsel eines Freundes aus den Staaten, der ihn dort vor etlichen Jahren in einem Bass Pro-Shop für mich erstanden hatte. Ich freute mich über die nette Geste – dem Köder gab ich nie eine Chance. Zu skurril, zu laut, zu irgendwas.

Warum ich heute immer eine kleine Auswahl der Rasselköder im Gepäck habe? Die drei sind „Schuld": Der Rattle Flash, der Rapfen und Marko ganz besonders.

Marko warf das Ding also aus und, Sie ahnen es, fing prompt einen Rapfen. „Pah…, purer Zufall!" mögen Sie jetzt denken und ich dachte das gleiche. Um eine lange Geschichte kurz zu machen: Marko fing auf den „Außerirdischen" sogar noch einige weitere Fische an diesem Tag – es funktionierte! Am Ende hatte er ein paar Rapfen mehr auf der Habenseite als ich, und erstaunlicherweise auch die beiden Top-Fische des Tages mit jeweils gut über 70 Zentimetern Länge. Das Ergebnis ist doch ziemlich überzeugend, oder? Die beste Theorie ist und bleibt eben die Praxis!

Inzwischen habe ich immer eine kleine Auswahl dieser Krawallmacher in meiner Angelkiste und konnte schon viele Rapfen damit fangen. Sie sind zwar kein Allheilmittel gegen Beißflauten und bei oberflächennah raubenden Fischen lasse ich sie beharrlich in der Box, aber es gibt Situationen, in denen ich sie nicht mehr missen möchte. Standard sind diese „Lippless Crankbaits" – wie die Amis sagen – bei mir immer dann, wenn ich die Rapfen im Mittelwasser vermute oder sich ein aktiver Trupp nach den ersten Fängen von der Oberfläche in etwas tiefere Wasserschichten verabschiedet. Oft gibt es so noch mal ein oder zwei Extrafische. Natürlich ist es reine Spekulation wenn man behauptet, dass das laute Rasseln die Fische kirre macht und damit zum Biss verleitet. Aber es soll schließlich keiner der Burschen sagen können, er hätte den Köder nicht gehört. Weitere Pluspunkte der akustischen Leckerbissen: Besondere Raffinessen zum Führen des Köders sind nicht nötig und fliegen können sie wie ein Geschoss.

Red rules! Der TN 70 verführte diesen Rapfen an einem schwierigen Tag auf der Elbe.

In meiner Box finden Sie folgende Modelle:

Clackin' Rap – Rapala
Gewicht: 25 Gramm; **Länge:** 8 Zentimeter; **Flugeigenschaften:** hervorragend; **Lauftiefe:** variabel; sinkend; **Geräuschkugeln:** ja; **Lieblingsfarben:** Glass Ghost, Silver Blue, Yellow Perch
Der Clackin' Rap ist das Schwergewicht in meinem Rattle-Quartett. Mit seinen 25 Gramm Gewicht sinkt er nach dem Aufprall auf die Wasseroberfläche rasant ab, sollte also rasch eingeholt werden. Flacher als zwei Meter werden Sie diesen Köder kaum führen können, je nach Dauer der Sinkphase sind nach unten aber keine Grenzen gesetzt. Ausgeliefert wird der Rassler mit einem Spezialdrilling an der Bauchseite, der einen überdimensionierten und zwei normal ausfallende Hakenspitzen besitzt. Ich tausche diesen Greifer gegen einen herkömmlichen Drilling. Neben der acht Zentimeter langen Variante ist auch ein sechs Zentimeter langes Modell erhältlich.

LVR D-10 – Lucky Craft
Gewicht: 24 Gramm; **Länge:** 8 Zentimeter; **Flugeigenschaften:** sehr gut; **Lauftiefe:** variabel; sinkend; **Geräuschkugeln:** ja; **Lieblingsfarben:** Aurora Green Perch, MS American Shad

Dieser Rattle Bait aus dem Hause Lucky Craft ist auffällig laut, lässt sich wie alle anderen Versionen hervorragend werfen und kann unterhalb von 1,5 Metern in allen Wassertiefen angeboten werden. Sein nervöses Laufverhalten behält er auch dann, wenn er extrem schnell eingeholt wird.

Rattle Flash – Kinami Baits

Gewicht: 15 Gramm; **Länge:** 7,5 Zentimeter; **Flugeigenschaften:** gut; **Lauftiefe:** variabel; sinkend; **Geräuschkugeln:** ja; **Lieblingsfarben:** Blau-Glitter, Silber

Mit 15 Gramm der leichteste Rattle Bait in meiner Box, der sich dadurch noch relativ oberflächennah präsentieren lässt und mit hellem Rasseln auf sich aufmerksam macht. Dieser Köder war es, mit dem Marko mich überhaupt erst auf den Rattle-Trip gebracht hat. Meines Wissens ist er leider nur in Amerika erhältlich.

TN 70 – Illex

Gewicht: 18 Gramm; **Länge:** 7 Zentimeter; **Flugeigenschaften:** sehr gut; **Lauftiefe:** variabel; sinkend; **Geräuschkugeln:** ja; **Lieblingsfarben:** Ablette, Bone, Mat Tiger

Auch dieser Crankbait lässt sich in allen Geschwindigkeiten führen ohne dabei seine Stabilität einzubüßen. Dieses sieben Zentimeter lange Modell läuft unterhalb von zwei Metern, kann aber auch deutlich tiefer geführt werden. Seine kleineren Geschwister in fünf und sechs Zentimeter laufen entsprechend flacher.

OBERFLÄCHENKÖDER – NICHTS FÜR SCHWACHE NERVEN!

Adrenalinschübe, Herzklopfen, innere Anspannung und Fangfreude, aber auch Enttäuschung und Frust sind die Eckdaten des Rapfenfischens mit Oberflächenködern. Zweifelsfrei: Das Angeln mit Poppern und anderen Lärm verursachenden Kunstködern ist die Krönung bei der Jagd nach unseren pfeilschnellen Freunden. Die Bisse kommen unverhofft, hammerhart und stets mit einer Menge spritzendem Wasser – Spannung pur! Die besten Tage für diese Fischerei sind die, an denen sich der durchschnittliche Bürger im Freibad die Sonne auf den Rücken brennen lässt und dabei drei Kugeln Eis mit Sahne schleckt. Prima, dann haben wir am Wasser wenigstens keine Konkurrenz – oder wie man heute sagt: Mitbewerber – zu fürchten. Attacke, der Fluss gehört jetzt nur noch uns und den Rapfen! Oft erkennen wir die Schulen unseres Zielfisches schon von weitem, wenn sie im verwirbelten Wasser hinter Brückenpfeilern oder Ausläufen stehen und dabei die Spitzen der Schwanz- und Rückenflossen aus dem Wasser schieben. Wenn sie aber erstmal ihren Rappel kriegen und im Verbund Kleinfische an der Oberfläche jagen, gibt es keinen Zweifel mehr, dass man sie gefunden hat. Ein laut gurgelnder Pop-

Wuuusch!
Der Rapfen hat den
Popper gepackt.

per ist genau das Richtige für den kleinen Hunger zwischendurch und wird – „Wuuusch!!!" – mit weit aufgerissenem Maul angegriffen. Abends und morgens, wenn der große Hunger kommt, wird es meist noch aufregender und erfolgreicher.

Bei aller Euphorie über diese spannendste der spannenden Methoden, komme ich nicht umhin, unsere Gemüter nun auch wieder etwas abzukühlen. Denn, erstens, funktioniert das Oberflächenfischen nicht an jedem Gewässer und zu jeder Zeit und, zweitens, gehören bemerkenswerte Fehlbissquoten zum Alltag. Kein Grund vor lauter Ärger wie der Medizinmann ums Lagerfeuer zu hopsen. Das ist leider der Preis, den man für gepoppte Rapfen zahlt. Dafür ist jeder gefangene Fisch das Doppelte wert. Die Fehlbisse lassen sich allerdings etwas minimieren. Häufigster Fehler: Der Anhieb wird gesetzt, sobald der Angler den Biss sieht – und reißt dem Fisch damit den Köder vor der Nase weg. Deshalb müssen, müssen, müssen Sie warten, bis Sie den Fisch in der Rute spüren (!) und dürfen erst dann den Anschlag setzen. Eine weitere Möglichkeit, Fehlbisse zu vermeiden, ist das gleichmäßige Einholen des Köders. Die konkav (nach innen gewölbte) Frontseite des Poppers wurde zwar konstruiert, um mit kurzen, harten Schlägen mit der Rutenspitze laute Plopp-Geräusche zu erzeugen, gleichzeitig läuft der Köder aber auch recht unruhig. Der Rapfen schießt dann

Vom Propellerlärm des Skitter Props ließ sich dieser Rapfen offensichtlich ärgern.

schon mal an seinem Kunststoffopfer vorbei. Ich versuche, solche Fehlattacken mit laotischem Gleichmut zu ertragen, tue mich, zugegeben, allerdings spätestens beim dritten Versuch wirklich schwer damit. Oft hilft dann ein gleichmäßig, mit hoher Geschwindigkeit eingeholter Popper. Der verursacht eine enorme Welle, taucht immer mal wieder kurz unter, und zieht dadurch zusätzlich eine lange Blasenspur hinter sich her. Mehr Reizwirkung geht nicht und die Fische können ihr Zupacken besser koordinieren. Und trotzdem: Fehlbisse müssen immer ins Kalkül gezogen werden – ist leider so.

Und dies sind meine Lieblingsspieler beim Popp-Konzert an der Oberfläche:

Rattlin' Chug Bug – Storm

Gewicht: 7 Gramm; **Länge:** 6,5 Zentimeter; **Flugeigenschaften:** gut; **Lauftiefe:** Oberfläche; schwimmend; **Geräuschkugeln:** ja; **Lieblingsfarben:** Hot Minnow

Der Chug Bug wirkt durch seine schlanke Form etwas unscheinbar, verursacht aber ein erstaunlich lautes Ploppen wenn man ihn mit kleinen Schlägen über die Oberfläche führt. Gleichmäßig eingeholt macht er ebenfalls eine gute Figur, bricht aber gelegentlich seitlich aus.

G-Splash 80 – Lucky Craft

Gewicht: 12 Gramm; **Länge:** 8 Zentimeter; **Flugeigenschaften:** gut; **Lauftiefe:** Oberfläche; schwimmend; **Geräuschkugeln:** ja; **Lieblingsfarben:** Bloody Aurora Black, Brown

Neben der klassischen Führungsvariante als normaler Popper mit großen Splashes (engl. to splash = spritzen) zeigt der G-Splash seine Stärke auch beim gleichmäßigen Einkurbeln. Dann schiebt er nicht nur eine Welle, sondern eine echte Fontäne vor sich her und bleibt konstant in der Spur. Mein Lieblings-Popper!

Der G-Splash schiebt bei gleichmäßigem Zug eine enorme Welle vor sich her.

Skitter Pop – Rapala

Gewicht: 7 Gramm; **Länge**: 7 Zentimeter; **Flugeigenschaften**: gut; **Lauftiefe**: Oberfläche; schwimmend; **Geräuschkugeln**: nein; **Lieblingsfarben**: Silver Blue, Firetiger

Der Skitter Pop war mein erster Oberflächenköder in der Box und wird immer einen Ehrenplatz behalten. Mit ihm habe ich auf Anhieb gefangen – nicht nur Rapfen. Toller Köder, der schon zurückhaltende Schläge aus dem Handgelenk mit imponierendem Ploppen beantwortet.

Skitter Prop – Rapala

Gewicht: 8 Gramm; **Länge:** 7 Zentimeter; **Flugeigenschaften:** mittel bis gut; **Lauftiefe:** Oberfläche; schwimmend; **Geräuschkugeln:** nein; **Lieblingsfarben:** keine

Der Skitter Prop ist der Hammer! Zum Poppern wurde er zwar nicht gebaut, aber sein Propeller am Schwanzende verursacht eine eindrucksvolle Blasenspur und rattert wie eine Libelle im Flug – nur deutlich lauter. Rapfen fahren darauf ab.

SK-Pop – Illex

Gewicht: 9 Gramm; **Länge:** 6,5 Zentimeter; **Flugeigenschaften:** gut; **Lauftiefe:** Oberfläche; schwimmend; **Geräuschkugeln:** ja; **Lieblingsfarben:** Bone, Ayu Head, Shine Katana

Blasenspur, Bugwelle, Splashes – der SK-Pop kann alles. Bei gleichmäßigem Einholen wechselt er zwischen kurzem Eintauchen und Lauf an der Oberfläche.

BLINKER, SPINNER & CO – METALLKÖDER UNTER DER LUPE

Wer die Entwicklung des modernen Kunstköderangelns in den letzten Jahren beobachtet hat, wird festgestellt haben, dass sich vieles, ja eigentlich alles verändert hat. Ist man vor zehn Jahren durch das Angelgeschäft geschlendert, gab es eine kleine Kunstköderwand, an der ein paar Wobbler, Blinker und Spinner hingen. Heutzutage sind die Geschäfte mit Kunstködern tapeziert, so groß ist die Auswahl. Wöchentlich kommen neue Modelle auf den Markt, in immer ausgefalleneren Farben und Formen. Das Motto: Pimp your Lures. Wer mit der Mode gehen will und immer die aktuellsten Köder in den Wirbel einhängen möchte, kommt mit dem Geld verdienen kaum noch hinterher. Man bekommt fast den Eindruck, dass man ohne all die neuen Ködermodelle eigentlich gar keinen Fisch mehr fangen kann. Das ist natürlich Unfug. Schon zu Großvaters Zeiten haben Rapfen auf den guten alten Effzett oder Mepps 2 gebissen und werden es auch dann noch tun, wenn wir selbst zu Großvätern geworden sind. Dennoch darf nicht unerwähnt bleiben, dass viele der innovativen Köderentwicklungen aus einem besonderen Grund erfunden wurden: die bis dahin verfügbaren Kunstköder waren verbesserungswürdig. Für alle, die nicht jeden Modegag mitmachen wollen und diejenigen, die gerne mal im Retro-style mit Klassikern auf Rapfen losziehen

Back to the roots – ein kleiner Zocker brachte den Erfolg.

möchten, führe ich Vor- und Nachteile der Metallköderfront auf und zeige zusätzlich Modelle, die trotz modernster Methoden in keiner Box fehlen dürfen.

ASP Spinner

Ich habe bis heute die ASP Jiggin' Spinner von Spro in meiner Box. **Gewicht:** 21 Gramm. Mit diesem Köder sind extreme Wurfweiten möglich, da er ein großes Gewicht bei geringer Größe aufweist und exzellente Flugeigenschaften besitzt. Einen besonderen Reiz sendet das kleine Spinnerblatt am Schwanzende aus, das an einem Wirbel in den Bleikörper eingelassen wurde – Schnurdrall ausgeschlossen. Mein absoluter Lieblingsköder wenn sehr hohe Wurfweiten erforderlich sind, bin aber der Meinung, dass ich unterm Strich eher die kleineren Exemplare damit gefangen habe. Erfreulich: trotz des rotierenden Spinnerblatts bietet der ASP relativ wenig Wasserwiderstand und kann ermüdungsfrei in unterschiedlichen Wassertiefen gekurbelt werden. Inzwischen haben eine ganze Reihe anderer Hersteller Köder dieser Machart im Programm.

Blinker

Das Angeln mit Blinkern ist bei vielen in der anglerischen DNA verankert. Wen wundert's? Die kleinen gewölbten Leckerbissen sind einfach zu führen, kostengünstig und in vielen verschiedenen Formen,

Farben und Gewichten erhältlich. Zum Rapfenangeln eignen sich schlanke Ausführungen, die bestenfalls aus dickwandigem Metall hergestellt worden sein sollten, um auf Wurfweite zu kommen. Keine Frage: mit Blinkern können, wurden und werden Rapfen gefangen, ich habe inzwischen allerdings die Scheidung eingereicht und sie aus meiner Angelkiste verbannt. Nicht weil sie schlecht, sondern weil andere Köder besser sind.

Klein aber fein: Der ASP Jiggin' Spinner lässt sich erstaunlich weit werfen. Dahin, wo die Rapfen sind.

Devon-Spinner
Ursprünglich in England entwickelt, war dieser Köder lange Zeit vom Markt verschwunden. Inzwischen wurde er allerdings als echtes High-Tech-Meisterwerk neu aufgelegt und ist für viele Euro wieder zu haben – womit wir schon den ersten Nachteil erwähnt hätten. Bis zu 30 Euro müssen für einen Köder gezahlt werden. Unter 15 Euro ist keines der Turbinenmodelle zu bekommen! Vorteil: mir fällt partout kein zweiter Nachteil ein. Die Devons gelten als echtes Weitwurf-Ass und werden nicht nur in unterschiedlichen Legierungen und Formen angeboten, selbst die Drehrichtung der Turbinenräder kann gewählt

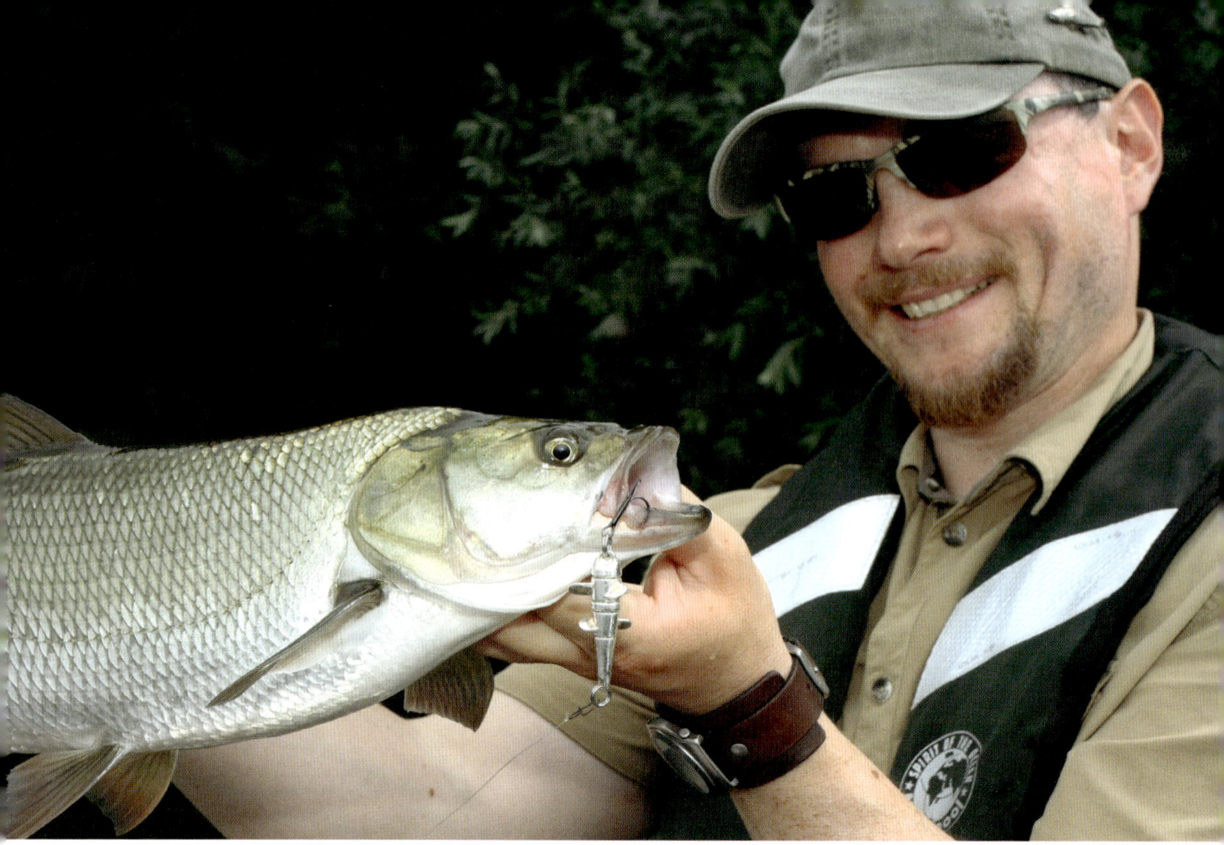

Arnulf setzte hier auf den Devon-Strekosa. Nur eines der vielen Devon-Modelle, die gut, aber nicht gerade preiswert sind.

werden. Die beginnen schon bei leisestem Zug zu rotieren, ohne jeglichen Schnurdrall zu erzeugen. Außerdem läuft der Köder auch in stärksten Wasserverwirbelungen noch stabil.

Pilker/Zocker

Pilker kennt man eigentlich eher vom Dorschangeln, kleine Modelle (Zocker) können aber ohne weiteres zum Rapfenangeln eingesetzt werden. Die Pilkbewegungen können wir uns hier zwar sparen, zügig eingeholt, haben die kleinen Zocker aber schon viele Rapfen zum Anbiss verführt. Ich selbst finde den Lauf etwas langweilig, kenne aber einige Angler, die darauf schwören. (Siehe Kapitel „Holland in Not? Rapfenangeln in den Niederlanden“ ab Seite 198.) Die meis-

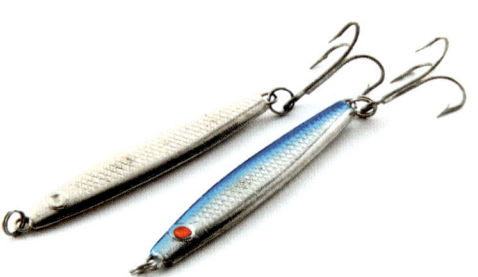

ten Pilker sind echte Wurfgeschosse und haben schon dadurch an einigen Tagen die Nase vorn.

Rapfenblei

Über Rapfenbleie habe ich bereits im Kapitel „Wobbler" einige Zeilen geschrieben. Ich gestehe: Dort habe ich mich ein wenig gehen lassen. Vielleicht ist es ja nur eine persönliche Ansicht, dass ich niemals ein Fan von diesem Klassiker wurde und wahrscheinlich habe ich einfach keine Ahnung, wie man mit den Dingern umgeht, aber neben ihren guten Wurfeigenschaften sehe ich kaum Pluspunkte. Vermutlich trifft ein alter Spruch auf mich zu: „Wenn der Bauer nicht schwimmen kann, ist die Badehose schuld."

Spinner

Spinner fangen Rapfen, das gebe ich zu. Nur: ihre Flugeigenschaften sind nicht die besten – und das ist noch geprahlt. Sollten also die Rapfen in unmittelbarer Nähe anzutreffen sein, lohnt sich ein Versuch mit Spinnern. Aber wie oft erlebt man diesen Fall? Und außerdem: wenn das wirklich mal so ist, greife ich lieber, viel lieber, zu anderen Ködern, die ein natürlicheres Laufverhalten haben und – ganz wichtig – die Schnur nicht verdrallen. Das rotierende Blatt sorgt im Wasser für ordentliche Druckwellen, das muss man dem Spinner lassen, gleichzeitig wird dadurch aber auch das Einholen anstrengender. Tun wir uns also selbst einen Gefallen und lassen den Spinner zu Hause …

Rapfen und Spinner. Zwei, die nur selten zueinander finden.

SOFTBAITS – GIB GUMMI!

Kein anderer Köder ist so variantenreich erhältlich wie der Softbait.
Weiteres Pro für Gummiköder ist ihr günstiger Preis. Mit einem Bleikopf versehen, kosten kleinere Ausführungen weniger als einen Euro.
Prima, Rapfenangeln für den schmalen Geldbeutel. Das soll keines-
falls heißen, dass Softbaits nur in der zweiten Liga spielen. Einige
Methoden und Führungsvarianten lassen sich mit Gummifischen zwar
kaum verwirklichen, wenn die Fische aber beispielsweise auf einen
schnörkellosen Lauf stehen, spricht nichts gegen Gummifische. Je
nach Wurfentfernung und Wassertiefe setze ich kleine, rund acht bis
zehn Zentimeter lange Modelle an Bleiköpfen bis 30 Gramm ein. Der
(Einzel-)Haken darf dabei gerne weit aus dem Gummikörper heraus-
stehen, um die Bisse in spannende Drills zu verwandeln.
Besonders Vorlieben in Sachen Köderhersteller habe ich nicht, aber
ich achte auf eine möglichst schlanke Köderform mit kleinem Schau-
felschwänzchen, das eher im 110- als 90-Grad Winkel abstehen sollte. Solche Köder lassen sich weiter werfen, erzeugen kaum Druck
beim Einkurbeln und sind weniger strömungsanfällig. (Zum Beispiel:

Ein fingerlanger Gummifisch am 28 Gramm-Bleikopf lockte diesen Fisch ans Band.

Ripple Shad von Berkley, Swimfish von Lunker City, Sea Shad von
Bass Assassin)
Was ausdrücklich nicht heißen soll, dass Köder mit großen, recht-
winklig abstehenden Schaufelschwanz keine Bisse erzeugen würden.

Den Ripple
Shad mag ich,
wenn ich es auf
die Gummitour
versuche.

No Action-Shads verwende ich nicht, weil mit ihnen Nullkommanull
Köderspiel erreicht wird – das finde ich eindeutig zu langweilig. Auf
einem 28 Gramm schweren Bleikopf aufgezogen, sind schlanke Softbaits regelrechte Gummi-Raketen, die nur ein Ziel kennen: den Horizont! Wer als Uferangler unterwegs ist, wird dies rasch zu schätzen
wissen. Nach dem Auftreffen auf die Wasseroberfläche kann sofort
mit dem schnellen Kurbeln begonnen werden, wenn der Köder in der
oberen Wasserschicht laufen/rennen soll. Soll's eine Etage tiefer
sein, lässt man den Köder einfach etwas länger absinken und beginnt erst dann mit dem Einholen. Einfacher geht's nicht. Was ich
nicht verschweigen will, sind Fehlbisse, die leider gelegentlich ein-
kalkuliert werden müssen. Dagegen hilft oft ein kleiner Zusatzdrilling
am Stinger.

Kein Grund
sich krumm zu
machen: Rapfen
mögen die
schlanke Form
des Sea Shads.

Zweite und nicht minder erfolgreiche Köderführung ist das Durchtrei-
ben lassen des Köders. Dies funktioniert nur
mit entsprechend leichten Bleiköpfen, die haar-
genau auf Köder, Strömungsstärke und Tiefe
abgestimmt sein müssen. Wie diese Methode
am besten arbeitet, habe ich im Kapitel „Nachtfischen" erklärt. Dieses Vorgehen braucht ein
wenig Übung, hat man den Dreh aber raus, können außergewöhnlich gute Fänge gelingen, die
alles andere in den Schatten stellen. Welche
Farben ich am liebsten verwende? Grundsätzlich
eher gedeckte, natürliche Farben. Ich habe aber
oft genug mit knalligen Farben genauso gut gefangen, dass nur eine Antwort die richtige sein
kann: alle!

ANHIEB, DRILL UND LANDUNG

Der Anhieb – eigentlich erübrigt er sich ja schon fast. Fast immer knallen die Fische mit einer unglaublichen Wucht auf den Köder, dass die Rute noch in der gleichen Sekunde krumm gezogen wird. Und dennoch: Gibt es einen Biss, setze ich einen deftigen Anhieb. Der wird zwar von der leicht geöffneten Rollenbremse und parabolischen Rute gemildert, sorgt aber für das letzte bisschen Druck, um den Haken sicher ins Fischmaul eindringen zu lassen. Manchmal ist dies der kleine Unterschied, der zwischen Erfolg oder verlorenem Fisch entscheidet. Hierbei achte ich darauf, den Anhieb seitlich und nicht mit nach oben gerichteter Rute zu setzen. Das ist der große Unterschied! Zumindest, wenn es um den Fang mehrerer Fische aus einem Schwarm geht.

Warum das so ist? Die Erklärung ist einfach: Beißen die Fische oberflächennah, sind die Attacken häufig mit schäumendem Wasser verbunden. Wird der Anhieb mit steil erhobener Rute ausgeführt,

spielen sich in neun von zehn Fällen die ersten Sekunden des Drills ebenfalls an der Wasseroberfläche ab. Der Fisch tut dann das, was er am besten kann: Den Kopf schütteln und wild kämpfen. Das geht natürlich nicht lautlos vonstatten und die Kollegen von unserem gehakten Fischen wissen nun: „Halt, hier stimmt was nicht!". Spätestens nach dem zweiten oder dritten Fisch lassen die Bisse nach. Erst bemerkt man nur noch heftige Stupser am Köder, die man nicht mehr haken kann, weil die Fische bei ihren Attacken das Maul nicht mehr öffnen. Haben die Rapfen unseren faulen Zauber aber erstmal durchschaut, lassen die Stupser auch bald nach und der Spuk ist vorbei. Auf zum nächsten Spot …

Durch seitliche Anschläge kann man diesen Prozess zumindest hinauszögern und noch den einen oder anderen Extra-Fisch aus dem Schwarm zaubern. Deshalb führe ich den Anhieb seitlich, mit nach unten gerichteter Rutenspitze, in einer fließenden Bewegung aus. So dirigiere ich den Fisch vom Rest des Trupps weg. Aber ob nun mit oder ohne Oberflächenspektakel, Fakt ist: Cypriniden – und in

Volle Konzentration – kommt der Biss, setze ich sofort einen seitlichen Anschlag.

diese Gattung gehören Rapfen – stoßen bei Verletzungen zusätzlich Stresshormone aus, die von ihren Artgenossen wahrgenommen werden können. Ist das Wasser klar, kann man gut erkennen, wie die Unruhe in einem Schwarm mit jedem gefangenen Fisch zunimmt. Die Bewegungen, das ganze Verhalten der Fische kommen nach und nach aus der Ruhe. Hand aufs Herz: Wenn ich im Restaurant sitze und sich um mich herum alle anderen Gäste nach und nach immer panischer verhalten, würde ich ebenfalls keinen Bissen mehr herunter bekommen.

Nach dem Biss spielen sich die ersten Sekunden des Drills oft an der Oberfläche ab. Spannung pur!

„Willst du wohl …!"
Selbst dicht am Boot
gibt sich der Rapfen
nicht geschlagen.

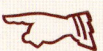

Immer der Nase nach

Beim Hypoxanthin-3-N-oxid handelt es sich um einen Alarmstoff, der biologisch als Pheromon bezeichnet wird und 1936 das erste Mal von dem Zoologie-Professor Karl von Frisch bei Elritzen entdeckt und später auch bei anderen Karpfenfischen nachgewiesen wurde. Das Pheromon wird in sogenannten Kolbenzellen produziert und gespeichert und tritt bei Verletzungen aus. Die übrigen Fische eines Schwarmes wittern diesen Stoff und werden so zum Beispiel vor Angriffen von Raubfischen geschützt. Ziemlich pfiffig!

In Sachen Kampfkraft haben Rapfen den schwarzen Gurt abgelegt. Sind die ersten spektakulären Sekunden des Drill rum, wird's ruhiger – etwas. Meist machen sie immer wieder bockige Kopfstöße und legen kurze, aber rasante Fluchten hin. Skeptisch sollten Sie immer dann sein, wenn der Fisch schon kurz vor dem Kescher ist, bis dahin aber wenig von seinem unfügsamen Temperament gezeigt hat. Manchmal wird der Fisch erst so richtig böse, wenn er eine erste Berührung spürt. Sei es mit Kescher, Boga Grip oder der Hand – womit wir schon bei der Landung angelangt sind. Für welche Variante Sie sich entscheiden, sollten Sie nach diesem Kapitel entscheiden.

In diesem Fall haben die Fische keine Gefahr gewittert. Beide Rapfen kamen vom gleichen Spot.

Netzwerke sind gefährlich

Die sicherste Methode einen Rapfen zu landen, ist das Keschern sagen viele Angler. Sicher? Stellt sich die Frage: „Für wen?". Ein nicht unerhebliches Problem stellen frei stehende Haken dar. Und das gleich in zwei Fällen: Verfängt sich ein Haken unglücklich im Keschernetz, kann es passieren, dass sich der Fisch verabschiedet bevor wir ihn „eingetütet" haben – ärgerlich. Schlimm wird es für den Fisch, wenn er sich zwar schon im Netz befindet, aber dann noch mal Gas gibt und wild um sich schlägt. Durch frei stehende Haken fügt er sich dabei oft erhebliche Verletzungen zu, weil der im Maul sitzende Haken grob rausgerissen wird und sich an anderer Stelle

Ein heikler Moment. Häufig geben die Fische kurz vor dem Kescher noch mal ordentlich Gas.

wieder einklinken kann – fürchterlich! Und so haben wir also die Wahl zwischen ärgerlich und fürchterlich, zwischen Not und Elend. Ich setze aus diesem Grund beim Rapfenangeln keinen Kescher mehr ein.

Dicke Lippe riskieren

Der Original Boga Grip und seine Nachbauten sind inzwischen für viele Angler zur unverzichtbaren Landehilfe für Raubfische aller Art geworden. In den USA entwickelt, haben diese Fisch- oder Lippengreifer – so werden sie im deutschsprachigen Raum genannt – in den letzten Jahren ihren weltweiten Siegeszug fortgesetzt. Da ich aber selbst mit diesem Hilfsmittel schon Verletzungen bei Fischen erlebt habe, setze ich ihn inzwischen nur noch mit Bedacht und in unseren heimischen Gewässern ausschließlich zum Rapfenangeln ein. Beim Kauf sollte darauf geachtet werden, dass sich der Kopf des Greifers um seine eigene Achse drehen kann, was leider nicht bei allen Herstellern der Fall ist. Schüttelt sich ein gegriffener Fisch, wird die Verletzungsgefahr durch diese Möglichkeit erheblich minimiert. Wichtig: Rapfen werden mit diesem Gerät immer an der Unterlippe gegriffen. Weil unseren weißen Räubern aber eine untere Zahnreihe fehlt, kann es bei einigen Modellen passieren, dass der Fisch aus dem sonst so sicheren Greifer wieder herausrutscht. Nicht oft, aber doch hin und wieder mal. Außerdem können die abgerundeten Enden des Greifers bei einem wild schlagenden Fisch Verletzungen im Maul hervorrufen.

Handlandung

Weil die eben beschriebenen Lippengreifer (und der Kescher) kein hundertprozentig gutes Gefühl zur Frage über die Verletzungsgefahr für den Fisch hinterlassen, lande ich einen Großteil meiner Rapfen inzwischen nur noch mit der Hand. Ob oder ob nicht, entscheide

Der Boga Grip ist zur unverzichtbaren Hilfe beim Rapfenangeln geworden.

ich im Einzelfall. Denn bei der Handlandung besteht eine ganz andere Verletzungsgefahr: die eigene! Rapfen sind nämlich schwer „in den Griff" zu bekommen. Im Gegensatz zu Hecht, Zander und Barsch, die mit ein wenig Übung problemlos per Kiemen- oder Lippengriff ins Boot (oder an Land) gehoben werden können. Für Rapfen ist beides eher ungeeignet. An den Lippen kriegen wir ihn eh nicht gegriffen und unter die kleinen, harten Kiemendeckel kommt man mit den durchschnittlich großen Wurstfingern eines Erwachsenen auch nicht so leicht.

Was bleibt, ist ein Griff in den Nacken oder unter den Bauch des Fisches. Und weil sich ein impulsiver Rapfen das alles nicht gerne gefallen lässt, schlägt er dabei eben wild um sich. Und sie erinnern sich: Bei den meisten Kunstködern haben wir mehrere und damit

oft mindestens einen frei stehenden Haken. Ich dachte lange Zeit
auch immer, dass nur andere Angler sich aus Unachtsamkeit den
Haken tief ins Fleisch rammen, bis ich selbst… „Auuutsch!" Bei
aller Konzentration: Irgendwann ist jeder dran. Was soll's, angeln ist
eben ein echtes Männerhobby – wer will schon Aquarelle malen oder
Ausdruckstanz lernen?

Geschafft! Unter den
Kiemendeckel des
Rapfens kommt man
oft nur schwer. Hier ist
alles gut gegangen.

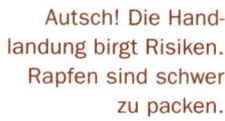

Autsch! Die Hand-
landung birgt Risiken.
Rapfen sind schwer
zu packen.

SBIROLINO – ITALIENISCHE METHODE AN DEUTSCHEN GEWÄSSERN

Timo Schneider ist ein echter Angel-Maniac. Als eingefleischter Karpfenangler und Redakteur für das monatlich erscheinende „Carphuntersmagazine" dreht sich seine Welt überwiegend um schwergewichtige Karpfen, nicht um die Sonne. Und wenn ihm das immer noch nicht reicht, schaltet er einen Gang höher und stellt in Spanien zwei Meter langen Welsen nach. Aber es wäre falsch, ihn hier ausschließlich als Big-Fish-Hunter zu präsentieren, denn auch halbpfündige Forellen mag er und ist sich nicht zu schade, mit der Feederrute

Timo Schneider weiß, wo sich die Rapfen im Frühjahr aufhalten – und was sie fressen!

auch auf Brassen anzusitzen. Wenn ihn aber abseits der Karpfenjagd wirklich etwas reizt, dann ist es das Rapfenangeln. Bezeichnend, dass einer, dessen Ziel zwanzig und mehr Kilo schwere Karpfen sind, zusätzlich Rapfenangeln mit Nachdruck ausübt. Ein weiterer Beweis dafür, dass die weißen Räuber ganz offensichtlich zu Suchtverhalten führen können.

Kleiner Köder – große Wirkung

Weil Timo ein Tüftler ist und schon früh im Jahr seine ersten Versuche auf Mr. *Aspius* startet, rückt er ihnen nicht „irgendwie", sondern mit Klein- und Kleinstködern zu Leibe. Kleine Fliegen bis maximal

5 Zentimeter Länge sind seine Lieblingsköder. Am besten rosafarbene Shrimpattrappen oder pechschwarze Fliegen.

So weit, so belanglos. Timo ist aber alles andere als ein Fliegenfischer! Um die kleinen Rapfenverführer auf Weite zu bringen, hat er die Idee des Sbirolinofischens von den Forellenseeanglern entwendet – die ja eigentlich gar nicht sooo neu ist. Vor zwanzig Jahren gehörten Wasserkugeln zum festen Bestandteil eines jeden Forellensee-

Größer sind sie nicht – Timos Lieblingsfliegen wenn er mit Sbirolino auf Rapfen geht.

anglers. Je mehr Wasser man in den transparenten (oder quietschorangen) Körper blubbern ließ, desto mehr erhöhte sich dessen Wurfgewicht. Und andersrum: Je weniger Luft enthalten war, desto weniger Eigengewicht hatte die Kugel im Wasser. Bei vollständiger Füllung ließ sich die Kugel also nicht nur weit werfen, sie war gleichzeitig nahezu schwerelos und dadurch für den Fisch kaum spürbar. Tolle Idee, aus heutiger Sicht aber eher unelegant, ja fast schon grobschlächtig. Das funktionierte aber jahrelang, bis italienische Angler den Sbirolino erfanden. Das gleiche Prinzip, nur ohne Wasser: Schwerelose, transparente Wurfgeschosse, die je nach Ausführung schwimmend, sinkend oder langsam sinkend angeboten werden. Je nach angepeilter Wurfentfernung können Sbirolinos zwischen 3 und 40 Gramm wiegen. Das „gefühlte" Gewicht im Wasser beträgt etwa ein Fünftel der Gewichtsangabe. Deshalb werden im Handel auch immer zwei Gewichte angeben: ein tatsächliches und eines, das Auskunft über das Gewicht im Wasser gibt. Gut zu wissen, so kann man sich perfekt auf die aktuellen Bedingungen einstellen und seinen Köder in allen Wassertiefen anbieten – vorausgesetzt, man hat eine entsprechende Auswahl in der Angeltasche. Lange Rede, kurzer Sinn: Es wird immer komplizierter einfach zu angeln. Sbirolinos sind heute beim Forellenangeln und vielen anderen Angelarten, bei denen kleine Köder auf weite Entfernung gebracht werden sollen, nicht mehr wegzudenken. Und bei Timo ist dies eben das Rapfenangeln.

Sbirolinos mit unterschiedlichem Sinkverhalten und Gewichten. Wer eine kleine Auswahl dabei hat, kann sich jederzeit den Bedingungen anpassen.

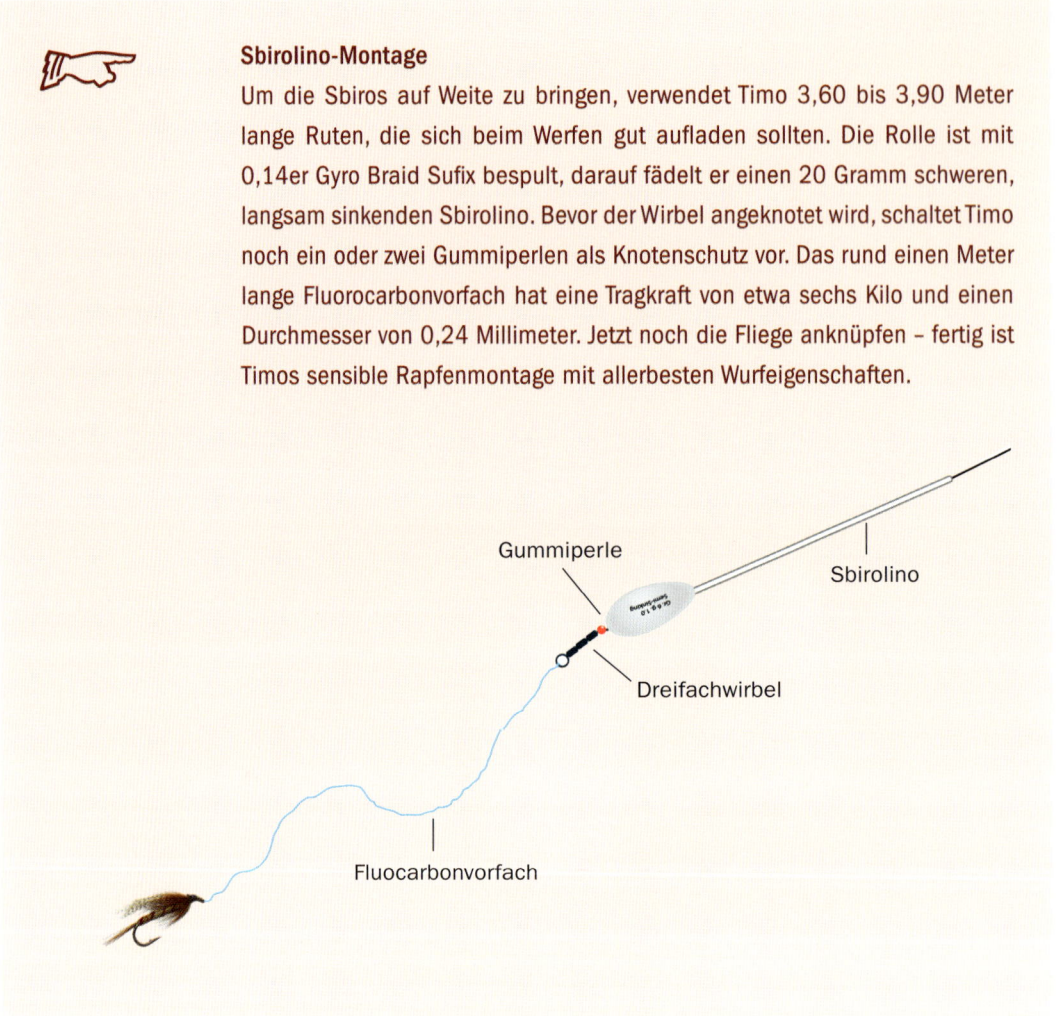

Sbirolino-Montage

Um die Sbiros auf Weite zu bringen, verwendet Timo 3,60 bis 3,90 Meter lange Ruten, die sich beim Werfen gut aufladen sollten. Die Rolle ist mit 0,14er Gyro Braid Sufix bespult, darauf fädelt er einen 20 Gramm schweren, langsam sinkenden Sbirolino. Bevor der Wirbel angeknotet wird, schaltet Timo noch ein oder zwei Gummiperlen als Knotenschutz vor. Das rund einen Meter lange Fluorocarbonvorfach hat eine Tragkraft von etwa sechs Kilo und einen Durchmesser von 0,24 Millimeter. Jetzt noch die Fliege anknüpfen – fertig ist Timos sensible Rapfenmontage mit allerbesten Wurfeigenschaften.

Gummiperle

Sbirolino

Dreifachwirbel

Fluocarbonvorfach

Rapfenangeln auf Schneiders Art

Großer Vorteil dieser Methode ist – ich sag's gerne zweimal – dass mit besonders kleinen Ködern gefischt werden kann. Unmittelbar nachdem die Brut der Frühjahrslaicher geschlüpft ist, haben Rapfen nur für eines Augen: kleine, fast noch durchsichtige Fischlein.

Dies ist meistens im März oder April der Fall und genau dann räumt Timo richtig ab – während viele andere Raubfischangler noch in der warmen Stube die Schonzeit für Hecht und Zander betrauern.

Aufgrund der geringen Wassertemperatur achtet Timo allerdings auf eine langsame Köderführung. Mit ruhigen Kurbelumdrehungen, die er immer wieder durch kurze Pausen unterbricht, leiert er in dieser Jahreszeit seine Montage ein. Die Schnelligkeit und Hektik der sommerlichen Rapfenjagd hält er jetzt für völlig fehl am Platze. So richtig aus ihrer Haut können die Rapfen aber

offensichtlich auch bei Wassertemperaturen unter 12 Grad nicht, denn Timo berichtet von harten, fast brutalen Bissen, die sich durch nichts von den überfallartigen Attacken im Sommer unterscheiden. Als Timo mir davon erzählte, sah er wahrscheinlich die Skepsis in meinem Blick, und schob gleich nach: „Ich kann mich an keinen Fisch erinnern, den ich nicht haken konnte oder der mir wegen des kleinen Hakens verloren ging! Rapfen sind auch im Frühjahr maßlose Gierlappen aber die weiche Aktion meiner Rute hilft, dass der Haken sicher im Maul hängen bleibt." Ist ja schon gut, ich glaub's ja – ehrlich! Auf seine bevorzugten Angelplätze angesprochen, sprudelt es aus Timo raus: „Wehre, Buhnen, Einläufe ..." Die Klassiker eben. Als ich nachhake, wird es aufschlussreich. Denn Timo angelt nicht nur an den üblichen Spots, er hat auch viele Fische stark frequentierten Hafenanlagen und ausgeprägten Flachwasserbereichen zu verdanken. Interessant! „Irgendwie scheinen Rapfen das aufwirbelnde Wasser der Boote zu mögen, denn immer

Klein, glasig, lecker. So mögen Rapfen ihre Beute im zeitigen Frühjahr.

Sicher „eingetütet". Dass Timo jemals einen Rapfen wegen zu kleiner Köder verloren hätte, erinnert er nicht.

Zwei, die Häfen mögen: Timo und sein Rapfen, der nicht von schlechten Eltern ist.

wenn besonders viele Schiffe durch den Hafen fahren, konnte ich auch besonders gute Fänge machen. Und die großen Flachwasserbereiche scheinen bei ausreichend Wind ebenfalls Anziehungskraft auf die Fische auszuüben. Je mehr Wind, desto mehr Sauerstoff im Wasser – und Rapfen!" Timos Augenzwinkern verrät, dass hinter dieser Aussage mehr als nur der eine oder andere Zufallsfang steckt. Können Sie jetzt noch die Zeit bis März abwarten, liebe Leser?

Timos Sohnemann Jannis kann's auch. Bei DEM Vater kein Wunder…

Springerfliege

Was Timo am Forellensee abguckte, hat der 32-jährige Lukas Mebert aus Berlin bei den Meerforellenanglern mit seinen Augen entwendet: das Fischen mit Springerfliege. Viele Küstenangler schalten dem eigentlichen Köder inzwischen kleine Fliegen am kurzen Seitenarm vor, die an Tagen, wo es die Meerforellen auf Kleinstnahrung abgesehen haben, großen Ködern überlegen sind. Als ich Lukas auf seine Rapfenfänge mit dieser Methode ansprach, antwortete er: „Die Springerfliege oder auch ein Streamer hinter einem Sbirolino sind oft sehr fängig. Auf die Größe der gefangenen Fische hat das kaum Einfluss. Man fängt vielleicht ein paar Kleine mehr, die Anzahl der Größeren sinkt dadurch aber nicht. Der Vorteil liegt wohl zu gewissen Zeiten an der kleinen Silhouette eines Streamers.

Das Jagdschema der Rapfen richtet sich stark nach der vorhandenen Beute. Bei massivem Brutaufkommen ist ein kleiner Köder dann von Vorteil. Ich fische im Sommer gerne große Meerforellenblinker mit vorgeschaltetem Streamer an strömungsreichen Abschnitten. Mein bester Rapfentag 2012 war allerdings mit Sbirolino und Streamer. 60 Rapfen in drei Stunden! Keiner kleiner als 65 und der größte sogar 82 Zentimeter. Das war der Hammer, dieser Tag!"

Übrigens: Wenn Sie mehr über Lukas' Fischerei erfahren möchten, schauen Sie doch mal auf seiner Webseite www.angelholiker.de vorbei.

Der Berliner Lukas Mebert mit einem ziemlichen Rapfen-Whacker, gefangen auf eine kleine Springerfliege.

Lukas Montage der Springerfliege

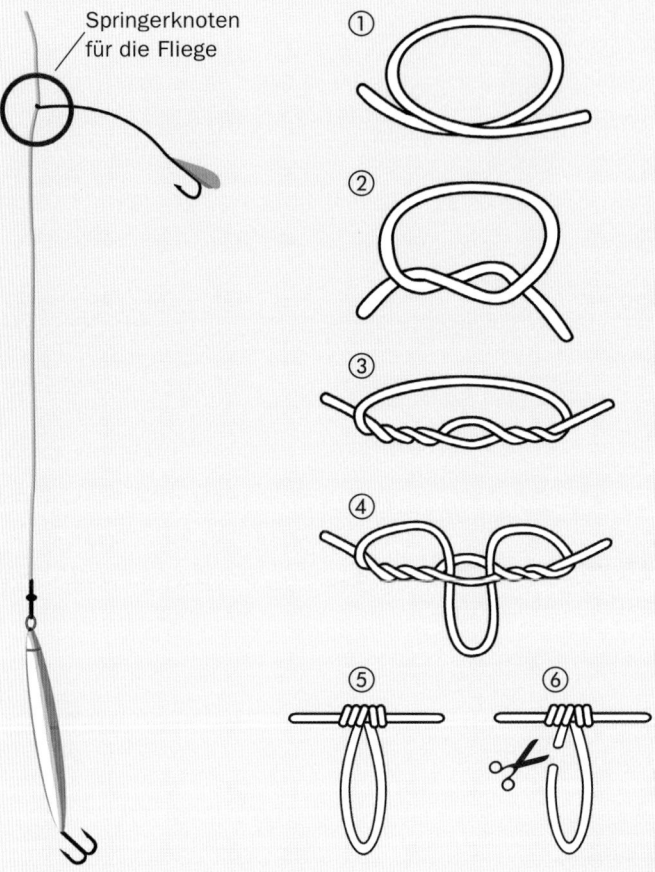

Springerknoten für die Fliege

Zwischen Spinnköder und der Fliege sollte ein Abstand von 30 bis 40 Zentimetern sein. Der Seitenarm für die Fliege lässt sich sehr einfach mit dem Schlaufenknoten bilden. Der Vorteil dieses Knotens ist seine Haltbarkeit. Der Seitenarm für die Fliege sollte nicht länger als 10 bis 15 Zentimeter sein, ansonsten verheddert sich die Fliege zu leicht. Je dicker und damit steifer die verwendete Schnur (z. B. 0,25–0,28 Millimeter) ist, desto mehr reduziert sich die Gefahr eines Verheddern. Wird mit einer geflochtene Hauptschnur gefischt, dann müssen Sie eine monofiles oder besser ein Fluocarbon-Vorfach vorschalten.

STREETFISHING –
DIE COOLE ART DER JUNGEN WILDEN

Kennen Sie Toshinari Namiki? Nein? Oder Takatoshi Murase? Auch nicht? Wie sieht es aus mit den Ködermarken Imakatsu, Deps oder Keitech? Nie gehört? Kein Grund sich zu schämen, denn wahrscheinlich wird Ihr Japanisch so gut sein wie mein Suahelisch und bis vor Kurzem waren mir die beiden Erstgenannten ebenfalls kein Begriff. Dabei handelt es sich um ausgesprochene Stars der japanischen Angelszene. Toshinari Namiki nimmt großen Einfluss auf die Produkt-

gestaltung der Firma Daiwa und hat sogar seine eigene Marke (O.S.P. Osprey Spiritual Performer) ins Leben gerufen. Zusätzlich produziert er eigene Angelvideos, die bei YouTube schon mal auf deutlich über 150.000 Zugriffe kommen können. Takatoshi Murase inspiriert ebenfalls eine ganze Generation überwiegend junger und jugendlicher Angler. Er ist Urheber und Protagonist seiner eigenen Videoreihe „Crush TV", die ebenfalls bei Youtube zu finden ist.

Angeln ist vor allem eines: cool!

Typisch für das japanische Volk ist die Vorliebe für Design. Kleine und unscheinbare Dinge werden gestylt, verbessert und gepimpt, bis das Wort „perfekt" nur noch eine offenkundige Untertreibung

Summer in the City – Tolle Lichtstimmung mitten in der Stadt.

ist. Und so bekommen Angelgerät und Köder bei vielen Anglern der asiatischen Insel den Stand wie bei uns der getunte Sportwagen. „Mein Haus, mein Auto, mein Boot?" Hier: „Meine Rute, meine Rolle, meine Köder!" Insbesondere die junge Generation definiert sich in Japan über ihr Angelgerät. Als äußerst dicht besiedeltes Land mit vielen Bergen und wenig Wasser, spielt sich die Angelei oft auf kleinstem Raum ab. Und – vermutlich ohne es zu wissen – schon bald zeichnete sich ab, dass der Trend zu stylischem Angelgerät Europa nicht nur erreicht, sondern stellenweise schon fast erobert hat. In Kombination mit der städtischen Fischerei meist jugendlicher Hauptdarsteller, die wiederum ihren Ursprung an den Ufern und unter den vielen Brücken der Pariser Seine hat, entstand bald ein echter Lifestyle: Street-Fishing! Gemeint ist die urbane Jagd auf alles, was

Platz zum Angeln findet sich in der kleinsten Ecke.

Flossen besitzt. Direkt zwischen den Hochhausburgen von Paris, Berlin oder Amsterdam wird mit teuerstem Gerät und hoch entwickelten Ködern, zwischen Spaziergängern und Touristen auf Hecht, Barsch, Zander und Co geangelt – und auf Rapfen! Dazu später mehr. Die Klamotten, passend zum Trend, selbstverständlich mindestens so cool wie die der Skateboarder und Mountainbiker: Baggy Pants und Hoodie. Angeln in ausgedienter Bundeswehrkleidung, olivgrün oder Flecktarn? Für einen Street-Fisher undenkbar. Der Weg ist das Ziel, das wusste schon Konfuzius. Street-Fisher leben dieses Dogma: Der Fang gehört zwar unbedingt dazu, aber der Weg dorthin führt mit der U-Bahn und den angesagtesten Ködern, Ruten und Rollen über lässige Angeltechniken, von denen Opa Plüsch im „SAV Petri Heil-Hintertupfingen" noch nie etwas gehört hat. Dass man den Köder „walk-the-dog" führen kann, käme ihm wahrscheinlich niemals in den Sinn und überhaupt: Was hat das bloß noch mit Angeln zu tun?

Digitale Fans

Ich muss gestehen, dass auch an mir der Trend weitestgehend vorbeigerauscht ist. Dies hat sich zu dem Zeitpunkt verändert, als ich Noel Blunder und Eric Otten kennengelernt habe. Zwei junge Gymnasiasten und Street-Fisher, mit einer unglaublichen Affinität zu den Neuen Medien – Generation Digital. Ein Leben ohne E-Mail, YouTube und facebook? Darauf würden die Jungs vermutlich antworten: „Geht das?" Verdenken kann man es ihnen nicht. Ich habe mich auch schon dabei ertappt, wie ich in Erklärungsnotstand kam, als ich versuchte mir selbst diese Frage zu beantworten.

Das erste, was mir Noel auf seinem Smartphone präsentierte, nachdem ich ihn kennenlernte, waren die abgespeicherten Videos der beiden oben genannten Japaner und weiterer Szenestars wie Mike Iaconelli oder Kevin Van Dam. Das sind zwar keine wirklichen Street-Fisher, aber in jedem Fall

echte Avantgardisten was Angel- und Wurftechniken angeht. Auf seinem facebook-Account zeigt Noel Bilder seiner neuesten Ködererrungenschaften, die er zu Hause aufwändig vor neutralem Hintergrund fotografiert. Jeder einzelne Köder ist weit mehr, als nur simpler Fischverführer aus Kunststoff. Kein Wunder, bei Preisen von 15, 20 und mehr Euro für fingerlange Fischimitate, die im Inneren über bis zu zehn Kammern verfügen, ausbalanciert sind mit kleinen Blei- oder Tungsten-Kugeln und in natürlichsten Farben lackiert wurden. Selbst bei großzügig bemessenem Taschengeld und Ferienjob in der Eisdiele geht der Köderkauf ordentlich ins Geld.

Aktuelle Fänge können dank Smartphone direkt vom Wasser im Internet gepostet werden.

So richtig teuer wird's bei Ruten und Rollen. Noels teuerste Combo liegt bei gut 500 Euro: JDM Tailwalk del Sol-Rute, bestückt mit einer Daiwa Alphas R-Edition Baitcastrolle. Eric setzt auf eine Daiwa Steez STZ-631 MHFB, auf die er eine Daiwa Liberto Pixy 04 Yellow Pearl Multi geschraubt hat. Preis: rund 600 Euro. Und das ist nur die hochwertigste seiner drei Combos. Das alles klingt nicht nur wie eine andere Sprache. Als die beiden mir erzählten, dass die Rollen vor Benutzung sogar noch modifiziert werden sollten, gewann ich den Eindruck, die Zwei fischen gar auf einem anderen Planeten. „Um die Wurfweite und Wurfperfomance leichter Köder unter fünf Gramm Gewicht zu verbessern, tauschen wir die Kugellager der Achse gegen ZPI Tuninglager aus. Außerdem planen wir Korrekturen in Bezug auf Carbonhandle und Lineguide. Das dient aber nur der Verbesserung

Mit wenig, aber zumeist sehr teurem Gerät geht's ans Wasser. Hier liegen deutlich über 1000 Euro auf der Kiste.

der Optik und Haptik.", so Eric. Was er sagen will: noch leichtläufigere Kugellager, ein anderer Drehknauf und eine neue Schnurführung sind irgendwie geiler. Und: „So sehr ich diese Kombi liebe, zum Rapfenangeln setze ich lieber Stationärrollen ein, da, erstens, bessere Wurfweiten möglich sind und ich, zweitens, das Bremsgeräusch liebe, wenn ein guter Fisch eingestiegen ist." Prima, in diesem Punkt sind wir uns einig.

Kann man die essen?

Die Freude über einen guten Fisch können Eric und Noel oftmals gleich mit etlichen fremden Personen teilen. Denn alleine sind sie selten, wenn sie in den Kanälen der Hamburger Alster angeln. Wie

Bääätsch, hab' dich! Eric liebt das Geräusch der Stationärrollen-Bremse wenn ein Rapfen den Köder genommen hat.

der Name schon sagt: Street-Fishing spielt sich vornehmlich auf der Straße oder zumindest dicht daneben ab. Brücken, die mit Graffitis verschmiert sind, Anleger von Ausflugsschiffen und Schleusen heißen die Hot Spots der Street-Fisher.

Und da ist eben immer viel los. Dass die beiden regelmäßig mit den Fragen der Passanten gelöchert werden, stört sie nicht. „Manchmal ist das sogar ganz lustig." sagt Noel. Und weiter: „Ernst gemeinte Fragen beantworten wir natürlich gerne. Damit können wir zumindest einen kleinen Beitrag zu einem besseren Image der Angler beitragen. Die Leute interessiert es oft, auf welche Fischarten wir angeln und was in den Stadtgewässern überhaupt so herumschwimmt. Am häufigsten hören wir die Frage: „Angelt ihr?". So etwas ignorieren wir inzwischen eisern und appellieren innerlich an den Scharfsinn der Leute, ob die sich eventuell sogar ihre Frage selbst beantworten können. Auf: „Na Jungs, heute schon einen Hai gefangen? Hahaha!" gehen wir natürlich längst nicht mehr ein. Insgesamt begegnen wir dem Ganzen mit einer Mischung aus Sarkasmus, Ironie und Schlagfertigkeit. Das klappt ganz gut."

Für Noel und Eric heißen die Hauptfische beim Street-Fishing Zander

Links: Und wenn jetzt ein Fisch beißt? Bei solchen Spots gehört ein Spundwandkescher ins Gepäck.

Rechts: Geruhsames Angeln geht anders. Noel und Eric stört's nicht.

und Barsch. Gelegentlich nimmt ein kleinerer Hecht den Köder, aber die Schnelligkeit und Aggressivität, mit der Rapfen ihre Beute jagen, ist für beide auf jeden Fall etwas Besonderes. Das Angeln auf Stachelträger spielt sich ja hauptsächlich am Grund ab, wo fast immer Jigs und verschiedene Rig-Varianten eingesetzt werden. Rapfenangeln ist für beide mehr als eine willkommene Abwechslung – mit anderen Ködern und einer sehr schnellen und aktiven Köderführung. Weiterer Pluspunkt: die Möglichkeit spektakuläre Attacken an der Oberfläche zu erleben. Außerdem ist das Durchschnittsgewicht eines gefangenen Rapfens deutlich größer, als das von Barsch und Zander in Standardgrößen. Und nicht zuletzt: Der furiose Angriff eines Rapfens, der knallharte Einschlag in der Rute und die wütenden Fluchten mit kräftiger Gegenwehr – das bietet nur Rapfenangeln.

Mit Stick- und Twitchbaits, kleinen Wobbern und speziellen Tailspinnern (zum Beispiel ASP Jiggin' Spinner oder Sebile Spin Shad) geht's auf Rapfenjagd. Eine schnelle Köderführung ist für beide schon die halbe Miete. Die andere Hälfte versuchen sie durch Spinnstopps oder gleichmäßigem Zick-Zack-Kurs reinzuholen. Und das schaffen sie auch: in silbern glänzender und geschuppter Form – Rapfenalarm!

Noel präsentiert einen tollen Rapfen, der diesmal beim Angeln vom Boot eingestiegen ist.

Ebenso wichtig ist natürlich die Spotwahl im urbanen Angelvergnü-
gen. Überall dort, wo durch Schiffsverkehr, Strömung oder Schleusen für Bewegung gesorgt wird, lohnt der Versuch auf die cleveren
Räuber. Aktiv raubende Fische werden sofort angeworfen, ist klar.
Aber auch, wenn auf den ersten Blick nichts erkennbar ist, fischt

Jeder Rapfen zählt.
Auch, wenn man
schon genauer hin-
sehen muss, um
ihn zu erkennen.
Hauptsache Spaß
macht's!

das dynamische Duo solche Stellen gründlich aus. „Selbst ruhende Rapfen lassen sich mit Kunstködern zum Biss provozieren", weiß Eric. Und Noel fügt hinzu: Wenn der Biss dann plötzlich wie aus dem Nichts in die Rute fährt, das ist der Hammer! Das macht süchtig!" Der letzte Satz kommt mir irgendwie bekannt vor!

Die beiden wissen, dass Rapfen oft die Spundwände entlang ziehen.

Noels und Erics Köderkiste

Hauptschnur: 0,10er Geflochtene

Vorfach: Fluorocarbon in Stärken von 0,21 bis 0,24 mm

Topwaterbaits/Twitchbaits: Megabass Dog-X jr., Lucky Craft Bevy Pencil, Illex Water Mocassin oder Bonny, Megabass OneTen

Wobbler: Daiwa TN Wise Minnow, Illex Chubby, Megabass Baby Griffon

Gummi: Keitech Swing Impacts oder Easy Shiner, Fish Arrow Flash J

Sonstige: Sebile Spin Shad

Noel und Eric präsentieren ihre Lieblingsköder.

NACHTFISCHEN – BEI SCHLECHTER SICHT: RUNTER VOM GAS!

Aus den vorherigen Kapiteln wissen wir nun: wer Rapfen fangen möchte, kann, darf, soll, muss seinen Köder möglichst schnell durchs Wasser kurbeln. Sehen die Burschen das Aufflanken eines hektisch vorbeizischenden Köders, packen sie zu. Langsam geleierte Köder werden ignoriert. So weit, so richtig.

Und was machen wir, wenn die Sonne langsam hinterm Horizont verschwindet und die Dunkelheit hereinbricht? Bis vor einiger Zeit legte ich dann meine Rute beiseite und trat den Heimweg an, weil irgendwann die Bisse ausblieben. Morgen ist schließlich auch noch ein Tag und da werden die Fische vermutlich ja nicht gleich ausgestorben sein.

Inzwischen angel ich aber selbst nachts gezielt auf Rapfen – und fange stellenweise besser als am Tage. Der Zufall stupste meinen Angelpartner Jan Borek (den Sie im Kapitel: „Der ist doch nicht normal!" ab Seite 136 noch besser kennen lernen werden) und mich mit der Nase auf eine vollkommen andere Strategie. Fangen wir ganz von vorne an:

Ein heißer Maitag neigte sich dem Ende. Mit mäßigem Erfolg kurbelten wir schon den ganzen Nachmittag unsere Köder durchs Wasser, bis die Fische im Dämmerlicht plötzlich aktiv wurden. Wir wussten die ganze Zeit, dass die Rapfen zwar da sind, aber offensichtlich

Mit Jan Borek fand ich heraus, dass selbst nachts die Rapfenjagd möglich ist.

Als die Sonne am Horizont verschwand, begann das große Beißen.

nur über wenig Appetit verfügten – frustrierend. Wie mit einem Fingerschnippen war diese Lethargie von einer auf die andere Minute verschwunden und die Fische begannen in kleinen Rudeln überall um uns herum zu jagen. Immer wieder stießen sie in die Laubenschwärme an der Oberfläche. Das Wasser „kochte" wie alte Wäsche und die Beutefische sprangen hektisch aus dem Wasser. Und was eben noch so mühsam und erfolglos war, funktionierte schlagartig auf Ansage – jeder Wurf ein Treffer! So ging es eine kurze Viertelstunde lang, aber

da es immer dunkler wurde, folgten rasch die Schwierigkeiten. Für uns, nicht für die Rapfen! Die trieben nämlich weiterhin die Lauben lautstark vor sich her – unsere Bisse ließen nach. Zum Verzweifeln: Erst lief der Tag ausgesprochen zäh, dann begann plötzlich das große Fressen und bevor wir die heiße Phase so richtig auskosten konnten, machte uns die einbrechende Dunkelheit einen Strich durch die Rechnung. Es gab also zwei Probleme: Das Beißen fing zu spät an und hörte zu früh wieder auf.

Als der Wobbler unbeachtet von der Strömung mitgetragen wurde, kam plötzlich der Biss.

Alles Schikane!

Wir ließen uns nicht entmutigen. Wieder und wieder schickten wir unsere Wobbler auf Tauchstation und ließen sie durchs Epizentrum der Rapfenjagd flitzen. Hin und wieder gab es mal einen kurzen Schlag in der Rute, weil wir die Fische mit dem Köder streiften oder sie ihn aufgrund der schlechten Sichtverhältnisse bei ihren Attacken verpassten. In den Genuss eines weiteren Drills kamen wir eine ganze Zeit nicht mehr, bis bei Jan doch irgendwann ein guter Fisch am Haken hing und sich wütend zur Wehr setzte. Na bitte, geht doch!

Die Farbe des Himmels hatte inzwischen von einem stimmungsvollen Ozeanblau in dunkelschwarz gewechselt. Damit war für uns eine zusätzliche Schikane eingebaut: Man sah kaum die Hand vor Augen – wir waren jetzt vollkommen umnachtet. Als ich Jan in der Endphase seines Drills zur Hand gehen wollte, setzte ich kurz mit den Kurbelumdrehungen aus, so dass mein bewegungsloser Köder von der Querströmung mitgetragen wurde. Zwei Sekunden später spürte ich plötzlich einen glasharten Ruck, der wie ein Blitz durch den Rutenblank zuckte. Anhieb und ein lautes „Hab dich!" kamen zeitgleich. Jetzt drillten wir beide.

Da hat Jan gut lachen. Kein Wunder, wir fingen einen Fisch nach dem anderen.

Warum bekam ich ausgerechnet während des unfreiwilligen Spinnstopps den Biss? Zufall? Glück? Beides? Oder war die Unterbrechung tatsächlich ausschlaggebend für den Biss? Ich probierte es aus. Ich überwarf die Fische mit dem Wobbler, brachte ihn mit einigen Kur-

belumdrehungen zunächst auf Tiefe und legte dann eine kurze Pause ein. Mit ein zwei Zupfern ließ ich den Köder verführerisch zur Seite ausbrechen und legte wieder eine Pause ein. Moderne Kunstköderangler kennen diese Variante der Köderführung: Twitchen! (*engl. to twitch = zupfen*) Allerdings wird das Twitchen eigentlich ja eher beim Angeln auf Barsche praktiziert. Die gestreiften Buckelrücken fahren total darauf ab. Hechtangler kennen diese Köderführung ebenfalls, nur mit stärkeren Bewegungen und deutlich größeren Ködern: Jerkbaits zeigen, bei entsprechenden Schlägen mit der Rute, ein ähnliches Laufverhalten. Zurück zu den Rapfen: Ich versuchte es jetzt einfach mit dieser Entschleunigungs-Technik. Was soll's, Fische kennen schließlich keine Regeln und kümmern sich nicht darum, welcher Führungsstil ursprünglich für welche Fischart gedacht ist!

Leichte Beute

Twitch...., twitch....., twitch....Bääämmmm! Der Nächste! Wieder kam der Biss in einer ausgedehnten Pause, die deutlich länger als eine Sekunde war. Na klar, wie sollte ein Augenjäger auch sonst bei vollkommener Dunkelheit auf Kunstköder zu fangen sein? Hätte man viel eher drauf kommen können, dass unter diesen Umständen eilig durchs Wasser gezerrte Kunstköder nienienie erste Wahl sein können! Umgekehrt wird ein Schuh draus – die Pausen sind das Geheimnis. Sinnesorgan Nummer eins – das Auge – wird in der Nacht lediglich zum Hilfsmittel degradiert. Fast hätte man sie vergessen: Die Seitenlinie rückt nun auf den ersten Platz. Wie sollte man dieses sensible Organ effektiver reizen als mit einem stark ausbrechenden Köder, der immer wieder bewegungslos von der Strömung mitgezogen und so als leichte Beute angesehen, 'tschuldigung: gespürt, wird? An diesem Abend fingen Jan und ich auf die beschriebene Weise noch viele weitere Rapfen und angelten bis tief in die Nacht. Und

Ein getwitchter Wobbler verführte auch diesen Silberbarren.

Gummifische am leichten Bleikopf sind ebenfalls sehr erfolgreich.

weil Jan ein Tüftler ist und sich mit einfachen Antworten nur selten zufrieden gibt, setzte er bei der nächtlichen Rapfenangelei schon bald auf kleine Gummifische am Bleikopf und konnte damit ebenso gut fangen. Die Taktik war die gleiche: Auswerfen, sachte anzupfen und den Köder immer wieder von der Strömung ein Stückchen mittragen lassen.

Inzwischen konnten wir mehr und mehr Erfahrungen zusammentragen und betrachten das Rapfenangeln bei Nacht inzwischen als eine weitere erfolgreiche Variante. Fassen wir zusammen:

Wobbler – getwicht, nicht gekurbelt

Nicht alle Wobbler eignen sich gleich gut für das Twitchen. Am besten sind so genannte Suspender. (*engl. to suspend sth. = etwas außer Kraft setzen*) Das Warum ist schnell beantwortet: Diese Modelle verfügen im Wasser über Schwebeeigenschaften, somit keinen oder wenig Auftrieb und sinken gar nicht oder nur sehr langsam zu Boden. Perfekt also für ausgedehnte Spinnstopps, in denen der Köder in der entsprechenden Wassertiefe verharrt. Suspender sind für Fließ- und Stillwasser gleichermaßen geeignet.

Je nach Strömungsstärke und Dauer der Spinnstopps können auch sinkende Wobbler verwendet werden. Testen Sie Ihre Wobbler einfach im flachen Uferwasser und prägen sich die Sinkgeschwindigkeit ein. Bei ausgeprägter Strömung dürfen Sie gerne einen relativ schnell sinkenden Wobbler verwenden, der aufgrund des Strömungsdrucks kaum am Boden ankommen wird. Ein Grundsatz ist Pflicht: je weniger Strömung, desto langsamer sollte der Wobbler sinken. Wer aber auch in der Kür punkten möchte, muss neben der Sinkgeschwindigkeit auch das Sinkverhalten beobachten. Es gibt viele Modelle auf dem Markt, die ausgesprochen unnatürlich – mit Kopf oder Schwanz voran – Richtung Gewässergrund sinken. Diese Köder taugen leider nicht für unser Vorhaben. Viele gut geeignete Wobbler besitzen Kugeln im Inneren, die für Stabilität (und verführerische Ras-

selgeräusche) sorgen. Leider haben gut austarierte Kunstköder ihren Preis, aber wer am falschen Ende spart, wird auf Dauer vermutlich weniger Eintragungen in sein Fangbuch machen können.

Wobbler mit viel Auftrieb setze ich zum nächtlichen Rapfenangeln nicht ein. Mich stört das unnatürliche Verhalten während der „Drehpausen" – und ich glaube, die Rapfen mögen's auch nicht. Machen Sie den Test: Führen Sie einen schwimmenden Wobbler durchs flache Uferwasser und legen eine zweisekündige Pause ein. Treibt der Köder wie ein Stück Styropor zur Wasseroberfläche auf? Durchgefallen! Zumindest für diese Art der Angelei. Natürlich, wir wollen beim Kunstköderangeln einen kranken Fisch imitieren. Aber die Krankheit muss wohl erst noch erfunden werden, bei der ein Fisch schnurstracks durchs Wasser eilt und dann wie von Geisterhand an die Oberfläche aufsteigt. Deshalb: Wobbler mit leichtem Auftrieb sind noch OK, stärker auftreibende Modelle eignen sich nicht mehr zum Twitchen.

Verzerrte Wahrnehmung: Das Fisheye-Objektiv lässt die Fische wachsen – und den Bauch!

Mit Tiefenwirkung

Trotz völliger Dunkelheit nehmen die Fische den Köder wahr. Liegt es an seiner Farbe? Können die Fische mehr sehen, als wir denken?

Es gibt Dinge, die kann man gar nicht oft genug sagen kann. Und deshalb wiederhole ich mich: Für erfolgreiches Rapfenangeln ist der verwendete Köder häufig gar nicht das Wichtigste. Die exakte Lauftiefe entscheidet eher über krumme Rute oder langes Gesicht. 50 Zentimeter zu tief oder flach geführt, hat manchmal fatale Folgen. Genauer: gar keine Folgen – denn die Bisse bleiben aus. Gleiches gilt eben auch für das nächtliche Twitchen. Rauben die Rapfen nur in einer bestimmten Tiefe, wird einem über ihren Köpfen (oder unter den Bäuchen) verführerisch gezupften Megahammer-superduper-Wobbler keinerlei Beachtung geschenkt – passt nicht ins Beuteschema. Deshalb wechsele ich an einem neuen Spot sehr häufig den Köder und suche so die Wassersäule nach Fischen ab. Bekomme ich ersten Fischkontakt, habe ich eine Idee, in welcher Tiefe die Rapfen aktiv sind. Insbesondere nachts rauben die zahnlosen Burschen mal direkt unter der Oberfläche, an anderen Tagen in zwei Metern Tiefe. Farblich setze ich meist auf Schockfarben, habe aber auch auf unauffälligere Köder schon gut gefangen. Sie wissen ja: die Seitenlinie!

Gib Gummi!

Was mit Wobblern klappt, funktioniert natürlich auch mit Gummifischen am Bleikopf. Der darf allerdings nicht zu schwer ausfallen, sonst sinkt er wie ein Stein zu Boden. Gewichte zwischen drei bis maximal zwölf Gramm sind ideal. Was beim Twitchen mit Wobblern Bauart bedingt verhältnismäßig einfach ist, setzt beim Fischen mit Gummifischen Erfahrung, Ködergefühl und ein passendes Zusammenspiel von Ködergewicht, Strömungsdruck, Schnurbogen und Kurbelpausen voraus. Klingt

komplizert – ist es auch! Der Gummiköder wird nämlich nicht wie ein Wobbler gezupft, sondern, von regelmäßigen Kurbelpausen unterbrochen, kontrolliert (!) durch die „heiße" Tiefe geführt. Hand aus Herz: Wissen Sie beim Gummifischangeln im Mittelwasser jederzeit durch welchen Tiefenbereich Ihr Happen gerade wackelt? Ich auch nicht! Kommen Dunkelheit und Strömung hinzu, wird's wirklich knifflig. Kein Grund die Flinte ins Korn zu werfen. Können kommt von Lernen. Mit ein bisschen Übung wird es von Mal zu Mal besser und Sie werden nach einiger Zeit Ihren Takt und das richtige Ködergewicht finden. Dann fällt es leicht, den Gummifisch sicher durch die Fangtiefe zu führen.

Übrigens: Ich bin überzeugt, dass schlanke Schaufelschwanzfischchen bei dieser Angelei deutlich besser fangen als bewegungsarme No-Action-Shads. (Alle Wege führen nach Rom: Nun sind wir schon wieder beim Seitenlinienorgan angelangt.) Auch hier finde ich knallige Köder in Bonbonfarben irgendwie sexy und lasse die natürlich gefärbten erstmal in der Box schlummern. In Sachen Ködergröße tendiere ich zu Modellen um acht Zentimetern Länge, die ich auf einen möglichst kurzschenkligen Haken der Größe 2/0 oder 3/0 ziehe. Zu lange

Schaufelschwanzfischchen sind der Bringer. Auf einen Zusatzdrilling kann verzichtet werden.

Hakenschenkel versteifen den Köder und das mögen weder ich, noch die Rapfen besonders leiden. Im Frühjahr können kleinere Köder um fünf Zentimeter an manchen Tagen bessere Erfolge bringen, da sich die Rapfen auf die eben geschlüpfte Fischbrut eingeschossen haben. Weil die Gummis aufgrund der langsamen Köderführung und des geringen Gewichts meist komplett im Maul der Räuber verschwinden, verzichte ich auch auf Zusatzdrillinge – Einzelhaken reicht.

Handlandung geglückt! Den Wobbler hatte ich mehrere Sekunden im Wasser stehen lassen, als der Rapfen ihn plötzlich attackierte.

Das Seitenlinienorgan – Tasten ohne Berühren

Mit erfolgreich bestandener Sportfischerprüfung sind wir ausgebildete Angler – und sollten alle schon mal etwas vom Seitenlinienorgan der Fische gehört haben. Druckwellen können sie damit spüren, ja sogar feinste Strömungsveränderungen und selbst allerkleinste Unterwasserhindernisse. Und das auch noch bei völliger Dunkelheit. Aber: Wie funktioniert das eigentlich?

Fische haben auf beiden Körperseiten entlang der Flanke eine lange Porenreihe, die vom Kopf bis zur Schwanzflosse reicht und bei einigen Fischarten sehr deutlich sichtbar ist. Jede Pore führt in einen winzigen Kanal, der mit einer gallertartigen Masse gefüllt ist und an den Wänden mit Sinneszellen ausgestattet ist. Schon minimale Strömungsveränderungen, die durch anschwimmende Fische (oder Kunstköder) verursacht werden, bringen die Gallertsäule in Bewegung, was an die entsprechenden Sinneszellen übertragen wird. Dadurch können Fische ihre Umgebung erspüren, ohne mit ihr in Kontakt zu kommen. Die Wirkung von flatternden Wobblern, Gummifischen und all den anderen Verführern kann also kaum überschätzt werden. Die Köderfarbe? Dafür zumindest erstmal vollkommen nebensächlich.

Half die Seiten-
linie, den Köder
in rabenschwarzer
Nacht auszumachen?
Bestimmt!

Fliegenfischen

„DER IST DOCH NICHT NORMAL!" – FLIEGENFISCHEN MIT JAN BOREK

„Der ist doch nicht normal!" hörte ich vor einigen Monaten jemanden über einen meiner liebsten Angelkameraden, den Brandenburger Jan Borek, sagen. Mag sein, aber wer bitte ist denn schon „normal" als Angler? Ist es vielleicht normal, fünf Tage die Woche einen ungeliebten Beruf auszuüben und Sonntag für Sonntag die Angelrute ins Wasser zu halten? Ist es noch normal nächtelang hinter elektronischen Bissanzeigern zu sitzen, um auf einen einzigen Biss des kapitalen Karpfens aus der Kiesgrube zu warten? Oder ist die Grenze der Normalität erst dann überschritten, wenn andere Hobbys neben der Fischerei keinen Platz mehr im Leben finden?

Wenn man „nicht normal" negativ oder gar als boshaft ansehen möchte und dem „nicht Normalen" eine Außenseiterrolle zugewiesen werden soll, kann ich Ihnen leider keine Antworten auf diese Fragen präsentieren. Andersrum funktioniert es aber auch: Was wäre, wenn sich der Unnormale positiv von Anderen abhebt? Wenn er in der Lage ist, Dinge besser, präziser und erfolgreicher als andere umzusetzen? Das ist dann vielleicht auch nicht mehr normal, aber irgendwie doch anders, oder?

Kommen wir zum Punkt: Jan Borek ist genau das: Nicht normal! Dies sei aber bitte ausdrücklich als Auszeichnung zu verstehen. Als

Jan Borek mit starkem Rapfen – aber auch alle anderen Fischarten sind vor diesem Ausnahmeangler nicht sicher.

selbstständiger Angelgerätehändler kommt er deutlich über 40 Stunden pro Woche mit allem und jedem, was sich ums Angeln dreht, in Kontakt. Ist dann endlich Feierabend, zieht es ihn geradewegs ans Wasser. Karpfenangeln, Barsche zocken, Hechte jerken – es gibt nichts, was er nicht in Perfektion beherrscht. Und im verdienten Urlaub befindet er sich dann am italienischen Po beim Welsangeln, auf den norwegischen Fjorden um Dorsch, Heilbutt & Co zu überlisten oder er lässt es an österreichischen Gebirgsbächen ruhiger angehen und stellt den Forellen mit der Fliegenrute nach.

Apropos Fliegenfischen: Es gibt keinen, den ich für dieses Kapitel lieber um Hilfe gebeten hätte als Jan. Denn: Natürlich hat er auch in dieser Disziplin ein Magister. Und so habe ich ihm einige Male bei der Rapfenjagd mit der Fliegenrute über die Schulter geschaut und konnte ihm seine Vorgehensweise und den einen oder anderen Trick entlocken. Denn eines ist er ganz sicher nicht: Geheimniskrämer. Ein wirklicher Meister – halb Mensch, halb Fisch. Wahrscheinlich ein Gen-Defekt oder gar Schlimmeres, aber auf jeden Fall: nicht normal!

Mit der Einhandrute zum Fisch

Jan sagt, Rapfen sind die idealen Sommerfische für den Fliegenfischer im Flachland. Ich denke, er untertreibt. Ich könnte mir vorstellen, dass selbst diejenigen, die die besten und fischreichsten

Jans Blick ist stets in eine Richtung gelenkt – zum Fisch!

Gebirgsbäche vor der Tür haben, begeistert wären, einen wilden Rapfentanz an der Fliegenrute zu erleben. Spannende Attacken an der Oberfläche und aggressive Drills – wen macht das nicht an?

Acht bis zehn Fuß lange Einhandruten der Klassen sechs bis acht setzt Jan beim Rapfenangeln ein, die er mit großkernigen, leichten Rollen mit einwandfrei arbeitendem Bremssystem bestückt. Die Rolle ist mit einem auffällig gefärbten Schusskopf (Klasse WF 6–8) bespult. Optimal sind lange Keulen, gefolgt von einer dünnen Running Line für weite und exakte Würfe. Auf dem Spulenkern sind rund 100 Meter Backing aufgespult, die allerdings aufgrund der kurzen, aber heftigen Fluchten nur selten benötigt wird. Das eigentliche Vorfach lässt sich zur besseren Präsentation der Fliege recht kurz halten. Auf zwei Metern Gesamtlänge verjüngt es sich auf eine 0,30er Fluorocarbonspitze und hält auch dem größten Rapfen stand.

Als Köder eignen sich alle natürlichen Imitate von Kleinfischen, aber auch auffällige, voluminöse Phantasie-Streamer. Auf Haken-

Rapfengerät: Einhandrute der Klasse 8 und eine großkernige Rolle mit Schwimmschnur.

größen 6 bis 1 gebunden, hat Jan schon viele Rapfen gefangen und wenige verloren. „Eigentlich kann man vieles aus der Meerforellen-angelei eins zu eins übernehmen", sagt Jan. Und weiter: „ Minnows, Wooly Bugger und Slider funktionieren prima. Wenn die Fische an der Oberfläche fressen, sind Popperfliegen wie Foam Tec Popper un-schlagbar. Das ist natürlich mega-spannend!

Zur optimalen und unauffälligen Präsentation knote ich meine Fliegen immer mit dem Rapalaknoten an. Dadurch haben sie das entschei-dende bisschen mehr Spiel".

Rapfen entdeckt! Und nun?

Wie und wo Jan seine Fliege präsentiert, wenn er auf Rapfenjagd geht, entscheidet er immer wieder neu. Die Location ist dabei das A & O, denn die rastlos durchs Wasser ziehenden Rapfen sind heute hier und morgen dort – vielleicht sogar schon fünf Minuten später

Rapfenfliegen (von links nach rechts, je zwei Stück): Foam Tec Popper, Wooly Bugger, Minnows.

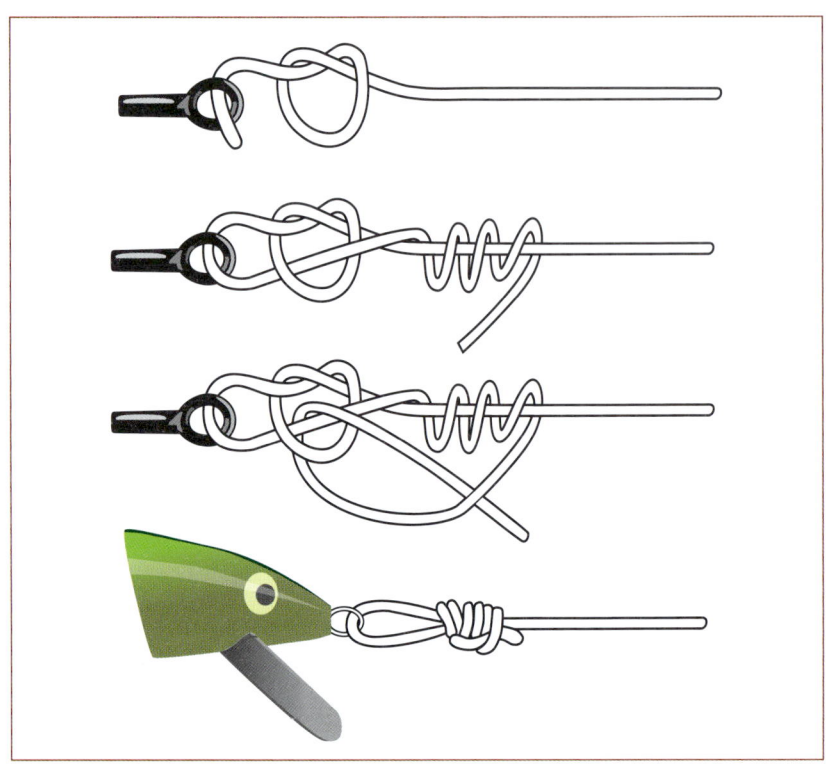

Der Rapala-Knoten

Toller Rapfen, mit der Fliegenrute gefangen – Jan hatte dabei natürlich seine Hände im Spiel.

ganz woanders. Besonders gut lassen sich die Räuber – wie soll es anders sein – natürlich bei ihren Raubzügen ausmachen. „Meist wäre aber ein zu schnelles Handeln fehl am Platze", weiß Jan. „Die vorherrschenden Gegebenheiten wie Strömungsverlauf, Windrichtung und Zugverhalten der Fische sollten vor dem ersten Wurf genau bedacht werden. Überworfene Fische sind schnell vergrämt, bevor man überhaupt den ersten Biss hatte!" Und es geht weiter: „Ein ganz besonders aggressives Verhalten zeigen Rapfen häufig unterhalb von Wehren und anderen Wasserverbauungen, die den Strömungsdruck stark verändern. Besonders in den Sommermonaten sammeln sich dort die Brutfische in großen Schwärmen. Diese werden dann oft in den Dämmerungsstunden von den Rapfen regelrecht zerpflückt."

Darf ich zum Tanz bitten?

Genau dabei habe ich Jan über die Schulter geschaut. Sauber und Elegant legt er die Fliege stromauf ab und lässt sie ins Sichtfeld der Fische treiben. Dabei versetzt er dem Köder mit leichten Zupfern aus dem Handgelenk oder abruptem Menden kleine Schläge, der

Voraussetzung für erfolgreiches Rapfenangeln: schnelles Einstrippen der Fliege.

dann wie ein kleines aufgeregtes Fischlein wirkt. Das macht schon Spaß, dabei zuzusehen, wie so einem kleinen „Fussel" Leben eingehaucht wird. Kommen Schnur und die furchende Fliege irgendwann auf der eigenen Uferseite an, beginnt Jan mit ruhelosem oder besser, aggressivem Einstrippen. So schnell kann ich gar nicht gucken, wie die linke Hand immer wieder die Schnur über der Rolle greift, um mit jedem Zug 30 bis 50 Zentimeter Schnur durch die Ringe zu raffen. Ganz klar: auch beim Fliegenfischen punktet natürlich eine extrem schnelle Köderführung.

Fliege aus der Sicht der Fische. Ganz ehrlich: da muss man doch zupacken, oder?

Häufig gibt es die Attacken auf den letzten Metern. Dabei klatscht es manchmal so laut, als würde ein Dackel ins Wasser springen. Ein Glück, dass Jan schon viele, viele Rapfen auf Fliege fangen konnte, denn dadurch hat er gelernt, seine eigene Reaktion in solchen Momenten im Zaume zu halten. Er weiß, dass die Fische häufig zunächst nur zu einer Scheinattacke vorpreschen und erst danach die Fliege inhalieren.

Würde er im ersten Überraschungsmoment den Anhieb setzen, reißt er dem Rapfen die vermeintliche Beute vor dem Maul weg. Eine zweite Chance wird es für diesen vergrämten Fisch nicht geben. Denn zweimal geht er ihm bestimmt nicht auf den Leim. Aber Jan ist eben 'ne coole Socke und setzt den Anhieb erst, wenn er den Fisch in der Rute tatsächlich spürt. „Wuuusch!!" und dann geht der Tanz los. Und zwar richtig! Rapfen an der Fliegenrute? Der Hammer! Lassen wir ihn selbst erzählen: „Es sind genau diese Momente, die unsere Rapfenpirsch mit der Fliegenrute so unverwechselbar machen. Die erste Attacke erfolgte, kurz nachdem sich die Schnur vollständig gestrafft hatte. Der Fisch schoss bei seinem Angriff seitlich am Köder vorbei. Mein Herzschlag setzte dabei für einen Moment aus, schnell holte mich aber die Situation wieder ein. Denn schon erfolgt eine Kehrtwende, die in einer dicken Bugwelle auf meine Fliege zuschießt. Augenblicklich verschwindet sie in einem tiefen Strudel. Der Fisch prescht jetzt seitlich in die Hauptströmung und stemmt sich mit harten Kopfschlägen gegen den Zug der Leine.

Dieses turbulente Verhalten animiert weitere Rapfen in der Umgebung zu ihrer Jagd auf Beutefische. In den ersten Momenten des Drills ist es kaum möglich, Leine zurück zu gewinnen. Ich verlagere meinen Standpunkt unter stetigem Druck weiter stromab. Erst jetzt ist es möglich, den Fisch aus der starken Strömung zu führen. Selbst im Uferbereich erfolgen immer noch kräftige, kurze Fluchten die mich zwingen, wieder etwas Schnur zu geben. Letzten Endes beugt sich der stolze Fisch meinem fortwährenden Zug. Zu meinen Füßen, im seichten Wasser, steht ein großer Rapfen. Seine Kiemendeckel pumpen kontinuierlich frisches Wasser in seinen schlanken Körper. Ein beherzter Griff hinter den Kopf des Fisches lässt seine eigentlichen Abmessungen noch wachsen, denn meine Handspanne kann den Nacken kaum umfassen. Noch im Wasser löse ich den Haken aus dem Maulwinkel. Nur kurz hebe ich den Fisch aus seinem Element, um mich an seiner ganzen Pracht zu erfreuen. Zurück im Wasser stabilisiere ich ihn mit einem Griff um seine dicke Schwanzwurzel. Schnell kommt wieder Schwung in seine Dynamik und er schießt zurück in die Strömung. Kurz verweile ich noch an der Landestelle, um den Moment zu genießen. Ein Blick auf die untergehende Sonne gibt mir die Sicherheit, die heiße Phase ist noch nicht beendet…"

Jan lehnt sich ganz bestimmt nicht zu weit raus mit der Behauptung: „Rapfen sind ideale Sommerfische für den Flachland-Fliegenfischer.

Nach der Wende geht's rund!

Als ich Jan auf das Angeln in strömungsarmen Bereichen anspreche, zieht er die Augenbrauen nach oben und die Stimme wird leiser: „Hier muss das Anbieten der Fliege deutlich umsichtiger erfolgen. Auf keinen Fall darf der Köder dem gesichteten, einzeln schwimmenden Fisch auf den Kopf oder in unmittelbare Nähe gelegt werden. Der Rapfen wird die Fliege ignorieren, wie ein schlafender Hund den Knochen. Lieber etwas abseits präsentieren und mit der gewohnten Schnelligkeit einstrippen. Der Fisch wird die Fliege ganz sicher bemerken und oft genug lösen die zügigen Köderbewegungen den entscheidenden Schlüsselreiz für einen Biss aus. In diesem Fall wendet

Sauber vor der Schilfkante abgelegt. Der Biss kann jede Sekunde kommen …

der Rapfen blitzschnell mit einer imposanten Bugwelle. Nicht selten endet diese Attacke mit einer kreisrunden Rute.

Trotzdem bleibt das Fischen in strömungsberuhigten Bereichen schwierig. Rapfen sind heikle Fische, die unglaublich hochnäsig sein können und alles vernachlässigen, was wir ihnen vorsetzen. Aber mal ganz ehrlich: Wenn man jeden Fisch fangen würde, den man ausmacht, wäre Angeln dann so spannend?" Jan nimmt die Antwort vorweg: „Ich glaube nicht!"

Recht hat er. Angeln besteht zu 30 Prozent aus dem richtigen Platz, 30 Prozent dem richtigen Köder, 30 Prozent der richtigen Uhrzeit und 5 Prozent Glück. Sie haben nachgerechnet? Na, eine hundertprozentige Garantie gibt es halt nicht.

Eine schönere Kulisse kann man sich zum Rapfenfang kaum vorstellen.

DRUNTER UND DRÜBER – HERBSTRAPFEN MIT STREAMER, GURGLER UND POPPER

von Daniel Göz

Die Kastanienbäume zeigen sich als Erste in ihrem Herbstgewand, zertretene Kastanien pflastern die Wege, typischer Laubgeruch erfüllt die Luft. Die letzten noch warmen Tage des Jahres sind da, es ist nicht mehr Sommer aber noch nicht Herbst; der September ist gekommen. Der Kastanienduft ist für mich das eindeutige Zeichen, die großen Rapfen können jetzt überlistet werden.

Zeit der großen Rapfen

Fischereilich gehört die Herbstfischerei mit der Fliegenrute auf große Rapfen mit zur spannendsten Fischerei, die ich in Deutschland erleben kann! Während im Sommer das Angebot an Fischbrut in den großen Flüssen förmlich überwältigend ist und die Rapfen keine große Anstrengung machen müssen um Fische zu rauben, än-

Ein kapitaler Rapfen – überlistet mit der Fliegenrute.

dert sich die Situation im Herbst rapide. Die Brut ist im Laufe des Sommers merklich gewachsen und flinker geworden, gleichzeitig ist der Bestand während der vergangenen Monate erheblich reduziert worden. Die Rapfen müssen sich nun an diesen kälter werdenden Tagen deutlich mehr anstrengen die flinke Brut zu jagen. Gleichzeitig wächst der Nahrungsdruck bei diesem stetig kleiner werdenden „Nahrungsbuffet". Die Folge: Die Rapfen werden eindeutig unvorsichtiger. Jetzt kommt die Zeit, auch kapitale Fische jenseits der 10 Pfund zu überlisten!

Ich fische ausschließlich mit der Fliegenrute auf Rapfen. Nein, nicht weil ich Purist bin, es hat ganz einfache Gründe: Der Rapfen ist der perfekte Fisch dafür! Die Fliegenfischerei gibt mir die Flexibilität das vorhandene Nahrungsangebot zu imitieren und erfolgreich zu fischen, wie kaum eine andere Form der Fischerei. Ich kann also mit dem Streamer oder der Kunstköderwahl sehr genau auf die entsprechenden Gegebenheiten reagieren. Noch wichtiger erachte ich jedoch die Möglichkeit, mein gewähltes Muster dank der Fliegenrute unglaublich, präzise und verlockend anzubieten. Meine Flugschnurwahl

Denkste! Der Rapfen gibt sich noch nicht geschlagen – Anton bleibt allerdings locker.

Mit Streamer und Fliegenrute erfolgreich auf Rapfen.

erlaubt mir, entweder direkt an der Oberfläche mit Schwimmschnur zu fischen oder zum Beispiel knapp darunter, mit entsprechendem Vorfach oder Flugschnur mit leicht sinkender Spitze. Und die Vorteile gehen noch weiter: Nachdem ich meinen Streamer im potenziellen Standort präsentiert habe, kann ich die Flugschnur so manipulieren und „menden", indem ich Schnurbögen stromauf oder stromab lege. Dadurch kann ich exakt beeinflussen, in welchem Winkel das vermeintliche „Fischchen" durchs Wasser schwimmt. Desweiteren steuere ich präzise die Geschwindigkeit des Streamers, indem ich die Schnur mittels Schnurhand einhole. Da ich die Leine halte, spüre ich jeden noch so schwachen Biss und kann diesen mit einem Anhieb und Zug direkt auf die Schnur quittieren. Die Kombination all dieser Punkte macht die Fliegenfischerei somit sehr effektiv und erfolgreich!

Drunter und drüber

Das oberständige Maul verrät den Rapfen als Oberflächenjäger. Insbesondere in den frühen Morgenstunden sowie in der Abenddämmerung kann man ihn beim Rauben beobachten; wenn er Kleinfische wie Ukeleis und Jungfische an der Wasseroberfläche zusammentreiben, können ihre Standplätze im Strom ausgemacht werden. So weit, so bekannt. Die großen Exemplare sind allerdings trotz ihres ungestümen Raubverhaltens häufig erstaunlich misstrauisch und extrem vorsichtig. Um die Erfolgschancen auf diese großen Fische deutlich zu steigern, hat es sich bewährt, das Verhalten von Jäger und

Große Rapfen sind mit vielen Wassern gewaschen. Susanne weiß, wie man sie trotzdem überlistet.

Beute genau zu studieren und entsprechend darauf zu reagieren. Es reicht nicht mehr einen beliebigen Streamer möglichst schnell einzustrippen. Die kleineren Exemplare können so überlistet werden, die kapitalen Fische sind mit mehr Wassern gewaschen – aber nicht mit allen!

Haben alle bisherigen Methoden versagt, hat sich folgende Taktik bewährt: Es geht dann „drunter und drüber". Hierbei gilt, die angebotene Fischimitation sowohl knapp unter, als auch auf der Wasseroberfläche zu präsentieren.

Rauben die Fische eher zögerlich und machen sich nur durch einen Schwall bemerkbar ohne die Wasseroberfläche zu durchbrechen, bietet sich der Surf Candy von Bob Popovics an. Das Muster wird direkt un-

Popovic's Fisch-
imitation wird
knapp unter
der Oberfläche
eingestrippt.

ter der Wasseroberfläche zügig eingestrippt. Popovics' Muster hat eine sehr realistische Silhouette, die unseren heimischen Jungfischen ähnelt.

Im Herbst ist das Wasser der großen Ströme häufig klar und sichtig. Der Rapfen kann die Fliege sehr genau inspizieren und würde beim kleinsten Verdacht der Täuschung im letzten Moment von seiner vermeintlichen Beute abkehren. Häufig gibt es dann hinter dem Streamer einen schönen Schwall, jedoch keinen Kontakt. Dieses Verhalten wird häufig fehlinterpretiert, da der Fliegenfischer glaubt, der Rapfen hätte den Streamer verfehlt. Im Vergleich zum echten Kleinfisch ist jedoch jeder noch so schnell eingestrippte Streamer eine lahme Ente, die für den Rapfen eine leichte Beute darstellt – sofern er in Fresslaune ist.

Der Gurgler verrät
an seiner Schaum-
stofflippe, dass er
auf der Oberfläche
läuft.

Die Bisse erfolgen trotz der schnellen Führung teilweise sehr zaghaft. Beim kleinsten Verdacht setze ich über die Flugschnur einen Anhieb. Bei der Streamerfischerei folgt der Fisch seiner vermeintlichen Beute nach optischen Merkmalen, der Surf Candy imitiert hier gut das herbstliche Jungfischstadium. Wenn Rapfen gemeinschaftlich auf Beutezug gehen, hat man den Eindruck, als hätten die Jungfische, die sich zu weit ins Freiwasser gewagt haben, keine Chance. Die Rapfen stürzen sich auf jedes Fischchen. Bei diesem Schauspiel werden Ukeleis und andere Kleinfische schon mal durch die Luft geschleudert. Häufig durchbrechen die Räuber dabei die Wasseroberfläche. Ein

Streamer wird in dieser Situation oft verschmäht! Passt der Streamer optisch nicht genau ins Beuteschema, wird er ignoriert. In dieser Situation ist der Gurgler der Erfolgsgarant. Der Gurgler, dessen Körper mit silbernem Mylar aufgebaut ist, läuft dank seiner Schaumstofflippe direkt auf der Wasseroberfläche. Beim schnellen, kontinuierlichen Einstrippen ähnelt das Muster einem flüchtenden Beutefischchen. Mit kleinen Spritzern schlittert der Gurgler über das Wasser und hinterlässt eine V-förmige Welle – sehr verführerisch! Der Rapfen nimmt den scheinbar angeschlagenen flüchtenden Fisch auch aus großer Entfernung wahr. Weiterhin hat er nur eingeschränkt die Möglichkeit seine Beute auf „Echtheit" einzusehen, da sie auf der Wasseroberfläche läuft. Der Biss wird ohne Zögern kommen!

Die Steigerung des Gurglers stellt der Popper dar. Hierbei geht es

Dieser Popper konnte schon viele Rapfen überlisten und läuft mal auf und mal unter der Wasseroberfläche.

Abenddämmerung – Popper – Rapfen. Drei, die gut zusammenpassen.

nicht mehr um eine spezifische Imitation. Vielmehr geht es darum, durch die Aktion des Poppers die Aufmerksamkeit der Rapfen zu wecken. Der Popper läuft teilweise auf dem Wasser, taucht aber auch kurz blubbernd ab. Er kann sowohl zaghaft, als auch sehr aggressiv eingestrippt werden – je nach Raubverhalten der Fische. Im Gegensatz zum Streamer spielen beim Popper Farben und Gestaltung eine untergeordnete Rolle. Es geht primär um die Wirkung, die der Popper an der Wasseroberfläche entfaltet. Und die ist groß!

Ein großer Vorteil besteht darin, dass die Fische den Popper anhand der Blasenspur und Geräusche sehr gut wahrnehmen, aber das Muster nicht genau inspizieren können. Der Popper läuft unruhig mal über und unter Wasser; bevor die Beute entkommt wird der Rapfen zuschlagen!

Die Hardware

Die Fische stehen zum Teil weit in der Strömung. Würfe von 20 Metern sind eher die Regel als die Ausnahme, um erfolgreich die Standplätze zu erreichen. Eine schnelle 9 bis 10 Fuß lange Rute der Klasse 8 bietet sich hier an. Die vorgestellten Muster, insbesondere Popper, sind recht windfängig. Mit gut abgestimmtem Gerät können die Muster aber problemlos auf die nötigen Distanzen befördert werden. Eine hervorragende Alternative zur Einhandrute bietet eine leichte Zweihandrute der Schnurklasse 7/8 mit einer Länge von 12,6 Fuß.

Als Flugschnur eignen sich schwimmende Longbelly Schnüre. Dieser Schnurtyp mit langer Keule ermöglicht kontrollierte weite Würfe; gleichzeitig kann die Schnur einfach gemendet und mittels Rollwurf von der Wasseroberfläche abgehoben werden.

Das Vorfach sollte ungefähr rutenlang sein, wobei ca. 2/3 aus dickem monofilen Material bestehen sollten, z. B. 50 oder 60 lbs Monofil mit einem Durchmesser von 0,60 bis 0,70 Millimeter. So wird die Wurfenergie sauber übertragen. Entscheidend ist hier die Masse des Vorfaches und nicht die Materialeigenschaft. Die Vorfachspitze

Mit einer schnellen
Einhandrute der
Schnurklasse 8
geht es auf Rapfen.

sollte ungefähr eine Stärke von 0,30 bis 0,35 Millimeter haben. So
hat man wichtige Tragkraftreserven, denn die Bisse erfolgen teilweise
sehr vehement.

Der Schnurkorb leistet wertvolle Hilfe die Fliegen-schnur unter Kontrolle zu halten. Hier hat mal ein Aland den Köder geschnappt.

Beim Fischen von unbefestigten Ufern leistet ein Stripping Basket wertvolle Hilfe.

Gut abgestimmtes Gerät sowie eine saubere Wurftechnik mit Doppelzugunterstützung helfen ungemein die hier vorgestellten Fliegenmuster jenseits der 20 Meter Marke im Strom zu präsentieren, wo die Rapfen auf unvorsichtige Kleinfische warten ...

Zur Person

1974 erblickte **Daniel Göz** das Licht der Welt in Frankreich, wuchs ohne Fernseher oder Computerspiele an der französischen Mittelmeerküste auf und verbrachte unzählige Stunden im Freien. Am meisten Spaß bereitete ihm das Schnorcheln entlang der Sandstrände und Felsenküste und er war schon bald gefangen von der Faszination der Unterwasserbewohner. Der Ozean übt bis heute einen besonderen Reiz auf Daniel aus. Als Teenager zog er mit seiner Familie nach Deutschland und begann sich nach Gewässern umzusehen, die seine Neugierde befriedigen können. Mitte der Neunziger Jahre lehrte ihn sein bester Freund Frieder Binder die Kunst des Fliegenfischens, was Daniels Sichtweise auf die Fischerei komplett veränderte. Heute verbindet er all seine Leidenschaften miteinander: Fliegenfischen, die Beobachtung der frei lebenden Süß- und Salzwassertiere sowie die Freitauch-Unterwasserfotografie und -filmerei. Letzteres übt Daniel auf einem unglaublich hohen Niveau aus, was seine Krönung in zwei beeindruckenden Fliegenfischerfilmen fand, die schon heute Kultstatus haben. 2010 erschien in Zusammenarbeit mit dem Dänen Jan Bach Kristensen die DVD „Tapâm a flyfishing journey" als Filmdebut, 2012 folgte in ebenso bemerkenswerter Qualität der Film „Gaula". Diesen Streifen realisierte Daniel gemeinsam mit Anton Hamacher, den Sie in diesem Kapitel auf mehreren Fotos sehen.

FÜNF VOM BINDESTOCK – ERFOLGREICHE FLIEGENMUSTER

Von Eric Vondung

Genau genommen hat mich ein geplanter Lachstrip nach Schweden zum Fliegenfischen auf Rapfen geführt. Nicht, dass es mir gelungen wäre in den skandinavischen Gewässern einen der weißen Räuber anstelle der Salmoniden zu erwischen. Nein, der Zufall zauberte mir noch lange vor Reisebeginn einen Rapfen an den Haken. Einige Jahre sind seitdem vergangen, aber ich erinnere mich noch genau daran, als ich mit der 8–9er Zweihandfliegenrute im heimischen Fluss stand. Meine Gerätehändler hatte mir die Rute für den anstehenden Lachstrip zugeschickt und nach einer Eingewöhnungsphase klappte das Werfen langsam immer besser. Ich beschloss, den angeknoteten Wollfaden gegen einen Streamer zu tauschen, der noch an meiner Weste steckte. Es war der zweite Wurf, als urplötzlich ein brachialer Ruck durch die Rute fuhr und mir die Schnur aus der linken Hand gerissen wurde. Der Fisch stellte sich in die Strömung und ließ es

Fliegenfischer Eric Vondung mit Rhein-Rapfen.

auf ein Tauziehen ankommen, das ich nach einigen spannenden Minuten für mich entscheiden konnte. Ich bugsierte meinen Gegner ins seichte Wasser der langgezogenen Kiesbank. Dort griff ich ihn und hob ihn vorsichtig aus dem Wasser. Mit deutlich über 70 Zentimetern Länge ein beeindruckender und wohlgenährter Fisch, gleichzeitig mein erster Rapfen mit der Fliegenrute. Ich hatte in den vergangenen Jahren zwar schon einige der Burschen auf der Haben-Seite, die ich beim Kunst- und Naturköderangeln fing, mit der Fliegenrute in der Hand betrat ich allerdings absolutes Neuland. Eines stand von diesem Moment an fest: Ich wollte mehr davon! Und ich bekam mehr. Als leidenschaftlicher Fliegenbinder begann ich schnell, mit verschiedensten Mustern zu experimentieren. Der Gedanke ließ mich nicht mehr los, direkt vor der Haustür einen derart kampfstarken Fisch für die Fliegenrute „entdeckt" zu haben. Das war eine hochinteressante Perspektive, gerade wenn die typischen Fliegenfischerreviere nicht mal eben „um die Ecke" liegen.

Die Fliegen

Lange habe ich herumexperimentiert, viele Muster gebunden und fast ebenso viele wieder in der Versenkung verschwinden lassen. Unter anderem blieben 5 Muster, die den Tauglichkeitstest nach einigen Weiterentwicklungen und Verbesserungen mit Bravour bestanden. Sollten Sie Ihre Fliegen selbst binden, ran an den Bindestock! Testen Sie, variieren Sie, seien Sie kreativ! Der Rapfen ist ein Fisch, der dem aktiven Angler viele Möglichkeiten zur freien Entfaltung bezüglich Köder, Präsentation und Gerät bietet.

Neben der Einhandrute machen gerade an großen Flüssen die Zweihandruten viel Freude.

EVo-One

Mein absoluter Favorit auf Rapfen und Regenbogenforellen. Durch den eingebundenen Magic Head mag diese Fliege Puristen zum Naserümpfen bewegen, Fische allerdings tun oft nur eines: beissen! Ich binde die EVo-One in verschiedenen, der Situation und dem Köderfischaufkommen angepassten Größen und in diversen Farben. Auf Rapfen gibt es eine klare Siegerfarbe: Weiß. Die orangefarbene Tungstenperle ist optischer Reizpunkt und bringt der Fliege eine Jigbewegung. Eine Besonderheit ist der eingebaute Schutz vor dem Eintailen (Umschlagen) des Schwanzmaterials. Hier werden (meist Spey-)Hecheln ihrer Spitze beraubt und mit 0,5 bis 1 Zentimeter überstehendem Federkiel eingebunden. Der Magic Head verleiht der Fliege ein absolut lebendiges Spiel. Durch vorsichtiges Beschneiden des Silikontrichters kann der Lauf stark verändert werden. Testen!

Materialliste:
- ✔ Haken Partridge CS54 Größe 2–6
- ✔ Körper aus Ice-Dubbing
- ✔ Schwanz aus 3–4 (Spey-)Hecheln, eventuell zusätzlich etwas Marabou
- ✔ 4,5 mm Tungstenperle
- ✔ Magic Head (Dimension je nach Hakengröße)
- ✔ Rippung/Körperhechel aus Polarchenille

Die EVo-One
hat sich wieder
bewährt – gut
erkennbar
ist der Magic
Head und die
Tungstenperle.

EVo-Rabbolution

Diese Fliege ist ein Universalmuster auf räuberische Schuppenträger und kann in Größe, Gewicht und Farbgebung variiert werden. Das weiche Kaninchenfell verleiht dieser Fischimitation ihre Fängigkeit. Unbeschwert in schwarz ein Top-Köder für die Dämmerung.

Materialliste:

✔ Haken Gamakatsu F314 Größe 2–6
✔ Körper aus Cactus-Chenille
✔ Schwanz aus Bucktail
✔ Schwinge aus Zonkerstrips
✔ Bleidraht
✔ Klebeaugen
✔ Kopf aus Epoxy oder UV-Kleber (Sicherheitshinweise beachten)

Jiggy-Variante

Eine Meerforellenfliege, die bei klarem und niedrigem Wasser schon viele Rapfen verführt hat. Durch wechselnde Köderführung wird dieses Muster für so manchen Räuber zum Verhängnis.

Materialliste:

✔ Haken TMC 811S oder Partridge CS54 in Größe 2–6

✔ Körper aus weißem und schwarzem Bucktail

✔ Schwinge aus Crystal Flash pearl

✔ Kopf: Messing-Conehead und passende Messingperle

✔ Kopf bemalt mit Edding

✔ Klebeaugen

✔ Epoxyharz oder UV-Kleber

Gurgler

Für die Oberflächenfischerei runden zwei weitere Muster – Gurgler und Popper – den Inhalt meiner Rapfendose ab. Wobei mein favorisierter Gurgler wohl eher eine Mischung aus beidem ist. Durch den Magic Head kann die Fliege in kurzen Rucken wie ein Popper angeboten werden. Langsam geführt oder den Magic Head nach hinten geklappt, furcht dieses Muster wunderbar an der Oberfläche.

Materialliste:

- ✔ Haken Partridge CS54 Größe 2–4
- ✔ Magic Head
- ✔ Bucktail schwarz
- ✔ Körper aus schwarzem Ice-Bubbing
- ✔ Rücken aus schwarzem Foam

Popper

Der Popper ist ein recht simples Muster, ich bevorzuge hier grelle Farben, aber auch weiß. In kurzen Rucken geführt, bringt er so manchen Schuppenträger um den Verstand.

Materialliste:

- ✔ Haken TMC 811 oder ähnliche in Größe 1/0 oder 2/0
- ✔ Popperkopf (mit Sekundenkleber befestigen)
- ✔ Klebeaugen
- ✔ Schwanz aus 2–3 Grizzly-Hecheln, etwas Crystal Flash, darüber dann einige Wicklungen EP-Ultra Brush

Gerät und Technik

Zum Rapfenfischen bevorzuge ich eine schnelle 6er Salzwasserrute. Mit ihr kann ich selbst 7er Schnüre in der Luft halten und sie verfügt über ausreichend Liftingpower, um auch größere Fische aus der Strömung zu bugsieren. Schwimmschnüre sind Standard und sogenannte Streamer-Tip-Leinen mit schwimmender Runningline und klarer Intermediatekeule runden das Ganze ab. Da sich das Fliegenfischen auf Rapfen in 99 Prozent der Fälle in den oberen Wasserschichten abspielt, sind Sinker nicht nötig. Ausschließlich bei der Winterfischerei setze ich sie gelegentlich ein, allerdings reicht hier auch die Intermediateleine und ein passend beschwertes Fliegenmuster.

In Revieren mit beschränktem Rückraum, wo gleichzeitig weite Würfe nötig sind, kommen bei mir auch Zweihandruten in den Klassen 6/7 oder 8/9 zum Einsatz. Und auch die modernen Switchruten finden hier Verwendung. Beim Fischen mit der Einhandrute kann ein Schnurkorb sehr hilfreich sein und eventuell für den einen oder anderen Extra-Meter Wurfweite sorgen. Die Vorfachfrage ist schnell beantwortet. Meine Formel: Rutenlänge + 0,5 bis 0,75 Meter Fluorocarbon-Tippet in Stärken um 0,25 Millimeter. Ich verwende meist einfache, gezogene Vorfächer in 9ft und verbinde sie mit der FC-Spitze mittels Clinchknoten. Für ein sauberes Spiel befestige ich die Fliege mit einem vereinfachten Rapalaknoten – fertig.

Schnell, schneller, Rapfen! Oft strippe ich beidhändig so schnell wie möglich ein und klemme mir dabei die Rute unter den Arm. Zeigen sich keine beschuppten Interessenten, variiere ich schon mal die Geschwindigkeit, bleibe grundsätzlich aber bei schneller Führung. Einzig in der kalten Jahreszeit fische ich die Fliege etwas langsamer und in tieferen Regionen. Sehr spannend ist auch die Fischerei mit ruckartig geführten Gurglern und Poppern, die fulminante Bisse an der Oberfläche versprechen.

Wie in vielen anderen deutschen Flüssen, hat sich *Aspius* in den letzten Jahren auch im Rhein stark verbreitet und bildet heute eine gute Population. Ruhige Teile des Flusses und Häfen meide ich und orientiere mich an leichter bis starker Strömung und Kehrbereichen, da die Fische hier leichter zu fangen sind – sie können den Köder nicht allzu

Dieser Rapfen hatte
die schnell geführte
EVo-One zum
Fressen gern!

ausführlich inspizieren und haben nur eine Wahl: fressen! Andernfalls
ist die vermeintliche Beute gleich schon wieder verschwunden. Ideal
sind zum Beispiel Innenkurven mit langgezogenen Kiesbänken oder
auch Buhnenfelder. Hier herrschen turbulente Strömungen.

Am Rand der Kiesbänke stehen die Fische häufig sehr nahe am Ufer.
Hier werfe ich in einem 90°-Winkel quer zum Strom und unterstütze
den Lauf der Fliege in der Deaddrift (das halbkreisförmige Herumtrei-
ben der Fliege Richtung Ufer) durch Einstrippen der Leine. Am Ende
der strömungsbedingten Kurve beginne ich die Fliege zügig einzuho-
len. Oft packen die Rapfen genau in diesem Moment zu.

Fische ich an einer der zahlreichen Buhnen, gehe ich taktisch vor.
Bevor ich die Buhne betrete, mache ich einige Würfe von der Innen-
und Außenseite in Richtung Buhnenkopf. An der Außenseite mache
ich allerdings etwas kürzere Würfe, da sonst der direkte Kontakt zur
Fliege schnell verloren geht. Habe ich in diesen Bereichen keinen
Biss bekommen und mich langsam zum Buhnenkopf vorgearbeitet,
mache ich immer auch einige Würfe in Richtung Strommitte – das
ist immer ein gutes Rezept und viele Rapfen schnappen sich genau
dort die Fliege. Auffällig ist, dass ich im Laufe der Jahre die meisten Beifänge anderer Fischarten in Buhnenfeldern machen konnte.
Spannend!

Sollten Sie nur wenige oder keine der aufgezählten heißen Stellen
an Ihrem Hausgewässer haben, ist die Lage etwas schwieriger, aber

Bevor Eric den Buhnenkopf befischt, macht er an den Rändern der Buhne die ersten Würfe.

alles andere als aussichtslos. Ich konnte im Laufe der Zeit einige – und oft auch kapitale – Rapfen an völlig unscheinbaren Flussstrecken fangen. Hier spielt uns das Vagabunden-Dasein der Fische in die Hände.

Bei klarem Wasser sieht man die Fische gelegentlich dicht am Ufer entlang, gegen die Strömung patroullieren. Mit etwas Vorhalt angeworfen, sind sie durchaus in der Stimmung unser Angebot anzunehmen, solange ihnen die Fliege gefällt. Eine spannende Angelegenheit, die allerdings in Verzweiflung enden kann, wenn alle Versuche erfolglos bleiben. Versteifen Sie sich nicht auf einen ausgemachten Einzelfisch. Bei aufmerksamer Beobachtung werden Sie mit der Polarisationsbrille sicherlich noch weitere potenzielle Gegner entdecken …

Zur Person

Dass **Eric Vondung**, Jahrgang 1972, hier von seinen Erlebnissen und Ergebnissen des Rheins berichtet, kommt nicht von ungefähr: In Ludwigshafen am Rhein geboren, hält er seit Kindesbeinen an die Angelrute in den Händen. Als Eric noch Schüler war, verbrachte er die Ferien stets in Skandinavien, später führte ihn der Wehrdienst bei der Marine für einige Jahre ins nördliche Deutschland nach Flensburg, wo er gleichzeitig dem Meerforellenfischen verfiel. Heute angelt er fast ausschließlich mit der Fliegenrute und nur noch gelegentlich mit der Spinnausrüstung. Selbstgebundene Fliegen sind für Eric Ehrensache beim Fliegenfischen und er verbrachte im Laufe der Zeit viele, viele Stunden am Bindestock. Neu entdeckte Leidenschaft ist das Salzwasserfischen mit der Fliege auf Bonefish, GT, Permit und Sailfish. Wenn „so einer" das Rapfenfischen liebt, spricht das für die Kampfkraft der Fische und gleichzeitig für die Flexibilität des Anglers!

Rapfenstorys

RAPFEN RASANT –
87 STÜCK AN EINEM TAG

Das kann wohl jeder Vater bestätigen: Die schönsten Angeltage sind
die, an denen man mit seinen Kindern am Wasser unterwegs ist. Ich
habe meinen Sohn Dennis und seine zwei Jahre jüngere Schwester
Julia die ersten Male mitgenommen, als sie drei Jahre alt waren.
Am Anfang war es natürlich mehr betreutes Angeln mit allerlei Ab-
lenkung, als wirklich ernst zu nehmende Fischerei. Nachdem der
Grundstein gelegt war, entwickelten sich die Kids mit wachsender
Begeisterung aber schnell zu selbstständigen Anglern. Heute sind
sie meine liebsten Angelpartner, denen ich jeden Fisch mehr gönne,
als mir selbst. Außerdem lernen wir sehr viel voneinander. Während
ich die technische Seite des Angelns vermitteln kann, sind sie mir
in Sachen Unbefangenheit weit voraus. Schon oft warfen sie ihren
Köder an eine Stelle, bei der ich dachte, nein, überzeugt war, dass
sich dort nicht mal fingerlange Plötzen aufhielten. Manchmal hatte
ich recht, häufig aber auch nicht.

„Baaam!" – Bisse im Minutentakt

Dennis weiß, worauf es beim Angeln ankommt.

Inzwischen ist es schon 4 Jahre her, Dennis war noch keine zehn Jahre alt, als ich mit ihm einen Bootsangeltag auf der Elbe verbrachte. Es lief rund: Beim Gummifischangeln konnten wir schon vier kleinere Zander fangen und an den üblichen Spots hatten wir bereits fünf Rapfen aus dem Wasser gekitzelt. Kein schlechtes Ergebnis für einen heißen Julitag. Dass wir an diesem Tag aber einen neuen persönlichen Rapfenrekord aufstellen würden, der nur sehr schwer zu überbieten sein wird, konnten wir zu diesem Zeitpunkt nicht mal ahnen. Nachdem wir wieder eine Angelstelle verlassen hatten, fuhren wir flussaufwärts. Kurz vor einer Flusskurve führt eine Autobahnbrücke über den Strom, deren zwei Pfeiler von der harten Strömung umspült werden. Einer steht vor der linken, der andere vor der rechten Uferseite. Das gekräuselte Wasser zog eine sicherlich 25 Meter lange Spur im Strömungsschatten der beiden Träger. Als wir dem rechten Pfeiler näher kamen, entdeckte ich eine große Anzahl Rapfen, die ihre Körper immer wieder aus dem verwirbelten Wasser schoben. Sie zeigten zwar kein Jagdverhalten, gaben sich aber sehr deutlich zu erkennen.

„Baaam!"
Gleich beim
ersten Wurf an
der neuen Stelle
räumt Dennis ab.

Die ersten Fische
kamen auf den
ASP-Spinner. Später
fingen wir auch auf
andere Köder.

Es juckte in den Fingern, denn ich wusste, dass wir in den nächsten
fünf Minuten ganz sicher einen der Burschen fangen würden. Ich
fuhr etwas stromauf, ließ den Anker elf Meter tief zum Grund sinken
und legte die eineinhalbfache Länge des Ankerseils heraus, bis das
Boot direkt neben dem heißen Bereich fixiert war. Ich ließ Dennis
den ersten Wurf, der nun quer zur Strömung das verwirbelte Wasser
überwarf und – „Baaam!" – nach wenigen Kurbelumdrehungen den
ersten Fisch auf seinen ASP-Spinner haken konnte. Na bitte, klappt
doch! Auch sein zweiter Wurf und der dritte und vierte brachten Fisch.
Unglaublich, die Rapfen waren wie verrückt nach seinem Köder. Jetzt
war auch ich an der Reihe – und fing ebenfalls prompt einen guten
Fisch. Nach und nach waren mehr Würfe erforderlich, um einen Biss
zu bekommen, bis diese schließlich vollständig ausblieben. Immerhin: neun Fische brachte uns diese Stelle, die wir bis dahin rund
30 Minuten befischt hatten.

Seitenwechsel

Ich ächzte den schweren Anker herauf und Dennis und ich wussten
beide, was nun zu tun ist: den anderen Pfeiler befischen. Als wir an
der linken Uferseite ankamen, bot sich das gleiche Schauspiel, wie
wir es eben schon gesehen hatten – eine sehr große Schule Rap-

Gute Fänge
gelingen nur, wenn
man viele schlechte
gemacht hat. Heute
passte alles.

fen fühlte sich im Strömungsschatten des Brückenbauwerks wohl. Also, Anker wieder runter, erster Wurf und „Baaam!" schon hing der nächste Fisch. Un-glaub-lich! Die Strömung war wirklich stark und es sah aus, als hätte sich der gesamte Rapfenbestand der Elbe hinter diesen beiden Brückenpfeilern verschanzt. Die Fische kämpften ausgesprochen gut und die harte Strömung tat ihr Übriges, dass jeder einzelne Rapfen nicht nur ordentlich Spektakel machte, sondern zusätzlich den Strömungsdruck für sich nutzen konnte. Kaum ein Fisch war kleiner als 55 Zentimeter, viele waren gut über 60, einige sogar über 70 Zentimeter lang – Wahnsinn!

Wieder fingen wir knapp zehn Fische an dieser Stelle, bis sich die restlichen Rapfen wieder in etwas tiefere Wasserschichten verabschiedeten und den Köder erst nur noch anstupsten, um ihn dann vollkommen zu ignorieren. Wir hatten jetzt mehr als 20 Rapfen im Fangbuch stehen, was an sich schon ein bemerkenswertes Tagesergebnis ist. Aber da wir auf dieser Uferseite jetzt knapp 40 Minuten gefischt hatten, hieß das gleichzeitig, dass der andere Brückenpfeiler 40 Minuten Ruhe vor uns hatte. Wir beschlossen, wieder auf die andere Seite zu fahren. Vielleicht ließ sich ja wieder ein Fisch zum Biss verleiten. Wir waren sicher, dass der Schwarm noch da sein würde,

Gigantisch – einer nach dem anderen kam ins Boot.

ob sich die Rapfen aber noch mal für unsere Köder interessierten, war zumindest fraglich.

Anker runter – Anker hoch

Als wir drüben ankamen, bot sich uns erstaunlicherweise wieder das gleiche Bild wie vorher: Die Fische schwammen vergnügt durch das verwirbelte Wasser, als wäre niemals etwas geschehen. Das weitere Vorgehen war klar: Anker runter – „Baaam!"

Jetzt wurde es unverschämt. Wieder stürzten sich Fisch auf Fisch auf unsere Köder. Die Strömung war so stark, dass der Anker trotz des lang ausgelegten Seils im sandigen Boden des Flussgrundes kaum hielt. Wir hatten pro Ankerplatz eine knappe Viertelstunde Zeit den

Über 70 Zentimeter lang und bemerkenswert kampfstark – so einen Tag haben wir noch nie erlebt.

heißen Bereich abzuwerfen, dann waren wir so weit runtergetrieben, dass ich den Anker wieder hochholen musste, um neu anzusetzen. Die spektakulären Drills, die knallende Sonne und das mit Adrenalin verseuchte Blut trugen ihren Teil dazu bei, dass es wirklich anstrengend wurde. Ein Luxusproblem, ich weiß, aber es artete bald in echter Arbeit aus. Und ich machte die Erfahrung, dass es so etwas wie einen „Fangrausch" tatsächlich gibt. Dennis und ich vergaßen alles um uns herum, wir waren jetzt mitten im Fisch. Anker runter – Auswerfen – Biss – Drillen – Fisch versorgen – Auswerfen – Biss – Drillen – Anker hoch – Uferseite wechseln – Anker runter – Biss........ So ging es. Stundenlang.

Heute ist Zahltag

Mit einem kleinen Zähler, den ich mal für wenige Euro gekauft hatte, hielten wir die Anzahl unserer Fische fest. Bei jedem Fisch gab es einen Knopfdruck. Die Anzahl stieg wie der Kilometerzähler im Auto auf der Landstraße. Als der Zähler bei über 60 Fischen war, begann (nicht nur) Dennis zu schwächeln. Ich trieb ihn an: „Komm Dennis, einmal fahren wir noch auf die andere Seite, dann machen wir Schluss. Die 70 machen wir noch voll!" Wir machten sie voll. Und wechselten nochmals die Uferseite. Anker runter – Auswerfen – Biss! 77...,78...,79! „Los Dennis, die Acht sehen wir noch auf unserem Zähler!" Ich war selbst völlig im Eimer.

Der Zähler (unten rechts im Bild) hatte am Ende des Tages 87 Fische auf der Uhr.

Die Muskeln in meinen Armen waren längst übersäuert und schmerzten. Dennis erging es kaum anders. Er schwitzte, aber auf seiner Schulter saßen Engelchen und Teufelchen, die ihm unterschiedliche Dinge ins Ohr flüsterten. Er wankte zwischen nicht mehr können, aber noch mehr wollen. Wir

wechselten noch mal die Uferseite und das Beißen startete von Neuem. Die Fische waren wie von Sinnen und es hörte einfach nicht mehr auf. Egal welchen Köder wir verwendeten, die Fische nahmen alles. Kaum zu glauben, dass man sich an manchen Tagen mühsam ein oder zwei Rapfen zusammenhungern muss und heute alles so anders war. Es war der Tag, an dem einfach alles passte. Die Fische hörten einfach nicht auf zu beißen.

Als wir eine 87 auf unserem Zähler stehen hatten, siegte die Vernunft. Dennis war erledigt, ich war erledigt und wir hatten alles erlebt, was man beim Rapfenangeln nur erleben kann. Wir hätten noch mehr fangen können, aber hätte das noch einen Unterschied gemacht? Anker hoch – wir traten den Heimweg an. Niemals wieder hatte ich an einem Tag auch nur annähernd so viele Rapfen im Boot, wie an diesem heißen Julitag mit meinem zehnjährigen Sohn und Angelpartner Dennis. Gigantisch!

Foto links: Da fällt mit nur eines zu ein: Dennis hat's drauf!

Foto rechts: Sein Gesichtsausdruck bestätigt meine Vermutung: Dennis war irgendwann wirklich k.o.

JAN GUTJAHR – MEIN RAPFENANGELN

von Jan Gutjahr

Die ersten Rapfen fingen wir an meinem Hausgewässer, der Mosel, vor rund 15 Jahren. Damals waren es gelegentliche Beifänge beim leichten Spinnfischen auf Barsch und Döbel, mit Spinnern und Wobb-

lern. Anfang des vorangegangen Jahrzents, kurz nach der Jahrtausendwende, erlebte das Rapfenangeln an meinen Hausgewässern Mosel und Rhein dann einen absoluten Boom. Nun konnte man die Schiede, aufgrund der sich explosionsartig vergrößerten Bestandsdichte, gezielt beangeln. Wobei dies außer mir nur eine Handvoll spezialisierter Angler taten. Der Rapfen ist halt nichts für den Kochtopf … Mir sollte es Recht sein!

Wer an einem Rapfengewässer fischt – heute sind das die meisten deutschen Ströme und Flüsse und auch einige große Seen und Talsperren – kennt die brachialen Rauborgien der Süßwassertarpone. In Rudeln treiben sie in Angriffswellen die Kleinfischschwärme, bevorzugt Lauben, zusammen und klatschen mit voller Wucht in sie hinein. Sehr spektakulär! Leicht zu fangen sind die Schiede dadurch aber noch lange nicht. Ganz im Gegenteil! Rapfen sind absolut unberechenbar, der angebotene Kunstköder muss perfekt ins Beuteschema passen. Und selbst dann bietet das keine Garantie für eine Attacke. Rapfen sind Zicken! An manchen Tagen kann man sich den Wolf werfen ohne jeglichen Erfolg, an anderen Tagen stürzen sie sich wiederum auf alles, was man ihnen anbietet.

Weil Rapfen kaum für die Küche taugen, werden sie von fast allen Anglern zurückgesetzt – gut für die Bestände!

Der Durchbruch

Unsere ersten Gehversuche auf die schnellen Schwimmer machten wir mit flachlaufenden Wobblern in Längen von fünf bis zehn Zentimetern. Aber auch Gummifische mit leichten Bleiköpfen, die wir schnell mit erhobener Rutenspitze knapp unter der Oberfläche einholten, brachten ab und an Erfolge. Am spektakulärsten ist das Oberflächenangeln auf die pfeilschnellen Räuber. Im Jahrhundertsommer 2003 hatte ich ein Schlüsselerlebnis, welches mir und meinem Angelfreund Uli den absoluten Durchbruch für den Fang kapitaler Schiede brachte.

Wir fischen mit sieben bis zehn Zentimeter langen, flachlaufenden Wobblern an der Mosel, in der Hoffnung einen der dicken Rapfen zu erwischen, die wir zuvor beim Lauben-Ärgern erspäht hatten. Aber auch nach 20 Minuten Köderpeitschen war kein Interesse der Räuber an unseren Kunstködern zu verzeichnen. Dann passierte es: Ulis Rapala Countdown hatte sich beim Wurf im Monovorfach verwickelt. Daraufhin kurbelte er den Köder im Höchsttempo zu sich ein. Der Wobbler glitt dabei, eine Furche und Blasenspur ins Oberflächenwasser schneidend, pfeilschnell übers Wasser. Genau bis zu dem Zeitpunkt, als es einen mächtigen Schlag gab, das Wasser förmlich explodierte und der Wobbler in einem großen Rapfenmaul verschwand! Ein Kapitaler jenseits der 75-Zentimeter-Marke hatte den Köder in vollem Tempo genommen. Nun schlug der Fisch wie von Sinnen an der Oberfläche seinen Kopf hin und her, bis Ulis Wobbler uns entgegen geflogen kam ... Die Drillinge hatten nicht gegriffen.

Lauben waren lange Zeit die Hauptnahrung in Rhein und Mosel. Damals waren demzufolge Oberflächenwobbler der Hit.

War das geil! Kaum zu glauben! Wir konnten es gar nicht fassen, dass der Rapfen den so rasend eingeholten Köder attackiert hatte. Sollte das der Schlüssel zum Erfolg sein? Dass Rapfen schnelle Schwimmer sind, wussten wir natürlich. Auch, dass in Ungarn schon sehr lange mit roten Rapfenbleien auf die Schiede gefischt wird. Hatten wir auch schon versucht – mit mäßigem Erfolg.

Kurzerhand brach ich von einem schwimmenden Rapala Shad Rap die Tauchschaufel ab. Versuch macht klug. Schon beim dritten Wurf mit dem Köder hatte ich einen Anstupser und ein paar Minuten später einen Nachläufer bis vor die Füße. Leider mussten wir das Angeln danach abbrechen, da ich noch einen Termin hatte. Ich bin mir sicher: Da wäre bestimmt noch was gegangen!

Mit Ami-Köder auf Erfolgskurs

Zwei Tage später war ich wieder am Wasser – diesmal alleine. Uli hatte sich mit seiner Familie in den Sommerurlaub nach Südfrankreich verabschiedet. Also musste ich unsere neue Erkenntnis alleine weiter testen. In meinem Wobblerfundus fand ich einen Köder, der

bisher in meiner Box ein Schattendasein führte. Ich hatte ihn in einem Webshop in den USA gekauft und nun war seine große Stunde
gekommen. Der „Banana Boat", zehn Zentimeter, von der japanischen Köderschmiede Yo-Zuri. Farbe: Tennessee Shad. Was soll ich
groß um den heißen Brei rumschreiben – es war der Hammer! Am
ersten Abend fing ich fünf Rapfen zwischen 65 und 71 Zentimetern.
In den zwei Wochen, in denen Uli im Urlaub war, konnte ich sage und
schreibe etwa 50 Rapfen mit dem Teil fangen. Die Durchschnittsgrö-
ße war erstaunlich hoch, unter 60 war kein Fisch, der Größte hatte
76 Zentimeter. Ein Wurf an einen Brückenpfeiler, bei dem der Yo-Zuri
in zwei Teile brach, beendete meine Erfolgsserie. Vorerst – ich hatte
mittlerweile schon neue Banana Boats in den USA geordert.
Die Köderführung war easy: Auswerfen, Bügel unmittelbar vor dem
Aufklatschen des Köders umlegen und dann einfach im Affenzahn
einkurbeln. Kein Zupfen, kein „Walk the Dog", nix. Einfach straight-on.
Spaziergänger, die mich wie ein Irrer kurbeln sahen, schüttelten regelmäßig den Kopf und gaben gute Ratschläge, dass dies doch viel
zu schnell sei, um einen Fisch zu fangen. „Sie müssen langsam
kurbeln. So schnell schwimmt doch kein Fisch!" Die Explosion im

Lang ist's her, dass
Jan diesen Fisch
gefangen hat – aber
es kamen im Laufe
der Jahre noch viele
hinterher!

Wasser und das brachiale Schlagen der Rapfen ließ sie dann regelmäßig verstummen.

Als Uli aus dem Urlaub zurückkam, war er zuerst etwas skeptisch bezüglich meiner Erzählungen, nachdem auch er die ersten Erfolge mit dieser Taktik feierte, war er mehr als überzeugt.

Nun galt es, unser Tackle auf die neue Methode abzustimmen. Wir mussten teilweise sehr weit werfen, um an die Fische heran zu kommen. Ruten aus dem Meerforellensektor erschienen uns optimal. Sprich: 3,0 bis 3,3 Meter lange Ruten mit rund 45 Gramm Wurfgewicht. Um die rasche Köderführung zu unterstützen, mussten schnelle Rollen her. Die Shimano Stradic mit ihrer hohen Übersetzung war damals für unser Vorhaben ideal. Eine dünne Dyneema mit 0,12 Millimeter Durchmesser war optimal und hatte ausreichend Tragkraft, selbst einem Großrapfen etwas entgegensetzen zu können. Und genau diesem Großrapfen begegnete ich wenige Wochen später.

Der Gigant

Mittlerweile hatten wir uns an die Superfänge schon richtig gewöhnt. Es war nun nichts Besonderes mehr, einen 70+ Rapfen zu fangen. Bei 77 Zentimetern war aber bis dato Schluss. Auch hatten wir nicht das Gefühl, bisher einen größeren Fisch im Drill verloren oder einen Fehlbiss eines solchen kassiert zu haben. Bis ich unterhalb eines Fähranlegers mit einem Rapala Skitter Pop angelte. Ich warf den Popper in den Strömungsschatten einer zehn Meter oberhalb von mir verankerten Fähre, als ich nach ein paar lauten „Plops" eine Bugwelle hinter meinem Köder bemerkte, die immer schneller und breiter wurde. Mit der Polbrille schaute ich wie gebannt auf den Popper, in der Erwartung, dass nun gleich das Wasser explodieren musste, was leider nicht geschah. Trotzdem traf mich fast der Schlag! Als ich den Köder unmittelbar vor meinen Füßen hatte, sah ich den Fisch, der meinen Köder verfolgt hatte … Ein Rapfen, nicht übertrieben, 90+, vielleicht sogar 95 Zentimeter. Dieser Fisch ist bis heute,

Mit so einem Rapfen kann man sich sehen lassen. Dass noch viel größere in der Mosel schwimmen, ist für Jan kein Geheimnis mehr.

also bis ins Jahr 2012, der größte Rapfen, der mir jemals begegnet ist. Ich habe es noch genau vor Augen, wie er dann mit ganz langsamen Flossenschlägen weggeschwommen ist. Mit schlotternden Knien und zittrigen Händen warf ich den Popper in die nun vermutete Position des Giganten – jedoch ohne Erfolg. Er zeigte kein Interesse mehr für meinen Köder. Trotzdem war es ein super Erlebnis, solch einen Fisch gesehen zu haben und zu wissen, dass jederzeit ein Mega-Rapfen an meinem Hausgewässer beißen kann.

Spiegelglattes Wasser – warum ließen nach einiger Zeit die Oberflächenaktivitäten der Rapfen nach?

Die Oberflächenfischerei funktionierte noch einige Jahre richtig gut, aber ab 2008 ließen die Attacken auf Topwater Baits immer mehr nach. Auch sah man immer weniger Rapfen an der Oberfläche jagen. War der Bestand geschrumpft? Waren die Rapfen einer Krankheit zum Opfer gefallen? Angelkollegen von Rhein und Main beklagten das Gleiche. Ein möglicher Grund könnte sein, dass die Lauben – Hauptbeute der Schiede in der Mosel – wesentlich seltener wurden und der Rapfenbestand eine neue Nahrungsquelle erschlossen hatte.

Veränderte Bedingungen

Gelegentlich hatten wir im Sommer natürlich weiterhin Rapfenbeifänge beim Barschangeln mit Wobblern, der gezielte Fang war aber sehr schwierig geworden. Es war kaum noch möglich, die Fische zu lokalisieren, da sie nur noch selten an der Oberfläche jagten. Wieder half der Zufall eine neue und wichtige Erkenntnis zu machen: Ich fischte mit meinem Freund Elmar einen Kilometer unterhalb einer Moselstaustufe mit einem braunen No Action-Shad auf Zander. Ich hatte gerade einen Hänger gelöst und kurbelte den Köder sehr schnell ein, um die Schärfe des Hakens zu kontrollieren. Es kam

wie es kommen musste: ein
harter Schlag im Mittelwasser
und ein 75 Zentimeter langer
Rapfen kam nach kurzem Drill
mit der harten Rute zum Vor-
schein. An diesem Tag fing ich
auf diese Weise noch weitere
vier gute Rapfen. Absinken
lassen bis zum Grund, schnell
hochkurbeln und zwischen-
durch immer wieder Jerks mit
der Rute. Die Bisse kamen
dann meistens im unteren
bis mittleren Gewässerdrittel.

Nach einigen weiteren erfolgreichen Angeltagen mit dieser Methode
wurde mir und meinen Kollegen klar, dass der Rapfenbestand gar
nicht zurückgegangen war. Nein, die Fische hatten sich lediglich um-
gestellt und eine neue Hauptnahrungsquelle für sich entdeckt: Die
Schwarzmundgrundel!

Mit der explosions-
artigen Vermehrung
der Schwarzmund-
grundel stellten die
Fische ihren Speise-
plan um – und
jagten schon bald
in tieferen Wasser-
schichten.

Am Rhein und seinen Nebenflüssen, also auch der Mosel, haben
sich die kleinen Plagegeister in den letzten Jahren explosionsartig
vermehrt. Für die Raubfischbestände sind die Allesfresser ein Segen.
Nahrung satt!

So fangen wir mittlerweile das ganze Jahr über unsere Rapfen auf tief
geführte Wobbler und Gummiköder, die optisch einer Grundel ähneln.
Wir lassen die Köder bis auf den Grund absinken und fischen dann
systematisch alle Wasserschichten ab. Wir verwenden schwere Blei-
köpfe, damit der Köder zügig in der Tiefe geführt werden kann. Bei
leichten Köpfen würde der Gummifisch zu schnell nach oben steigen.
Selbst bei kaltem Wasser gelingen uns immer wieder gute Rapfenfänge. Nun aber nicht mehr tief, sondern im Flachwasser und mit Ködern
in Weißfischdekor. Warum? Ganz einfach zu erklären: An sonnigen
Tagen ziehen die Schiede in flache Flussabschnitte, wo sich Weißfische in der Sonne aufwärmen. Bevorzugt flache, lange Sand- und
Kiesbänke. Die Grundeln sind im Winter für unsere Raubfische jetzt
kaum noch zu bejagen, da sie sich zwischen den Steinpackungen

Verrückte Welt: Selbst im Winter gelangen plötzlich gute Rapfenfänge.

verkriechen und dort extrem passiv die kalten Monate ausharren. Verrückte Welt – nun sind an den eben genannten Flachwasserzonen wieder flachlaufende Wobbler und Gummiköder bis 13 Zentimeter Länge der Bringer. Gummifische bestücken wir in diesem Fall mit sehr leichten Köpfen. Sehr gut fangen in der kalten Jahreszeit auch Twister. Der Turbotail, Größe E, von Profi-Blinker ist mein Favorit. (M)eine absolute Topfarbe ist – selbst in klarem Wasser – fluogrün. Rapfen stehen drauf.

Jan's Top-Spieler in seiner Köderbox. Da ist auf (und für) alle Fälle der richtige dabei!

Autsch! So nicht!

Rapfen sind nicht sonderlich ausdauernd im Drill. Nach dem brachialen Biss und einer ersten Flucht werden sie bald ruhiger und sind relativ schnell ausgedrillt. Tückisch ist jedoch, dass sie beim Hakenlösen extrem wild um sich schlagen. Mir sind in meiner Anfangszeit dabei zwei Fische auf den Boden gefallen. Zweimal riss ich mir einen Drilling in die Hand – mit daran hängendem Rapfen – gar nicht schön! Deshalb mein Appell an euch: Benutzt eine Landehilfe. Vom Boot bietet sich ein gummierter Kescher an, vom Ufer nehme ich immer den Boga Grip oder ein Alternativmodell. Dabei ist darauf zu achten, dass der Griff drehbar gelagert ist. Nur dann kann sich der schlagende Fisch nicht verletzen.

Ich drücke inzwischen die Widerhaken an meinen Wobblern grundsätzlich an. Und zwar so, dass noch eine ganz kleine Wulst stehenbleibt. Das reicht, um einen Rapfen sicher am Haken zu halten, ihn aber gleichzeitig einfach zu lösen.

Ihr seht – Rapfen sind faszinierende und anspruchsvolle Sportfische und nur wer sich mit den Gegebenheiten im Fluss auseinandersetzt, wird auf Dauer erfolgreich sein. Ich hoffe, ich konnte euch einen kleinen Einblick in meine Rapfenangelei geben.

Uuund Action, bitte! Der Fischgreifer ist schon parat.

Solche landschaft-
lichen Ecken sind
nicht nur hübsch
anzusehen – sie
sind auch fisch-
verdächtig!

Frühjahr-/Sommer-/Herbsttackle

Rute	WFT Penzill, 210 cm, WG 4–16 g, CTS LRS 270 cm, WG bis 45 g
Rolle	Ryobi Zauber CF 2000, Ryobi Arctica 3000
Schnur	Plasma KG 0,12 mm
Köder	Salmo Slider Sinkend 6 cm, Salmo Thrill 7/9 cm, Maria Yamashita MC-1 D52F, Yozuri Banana Boat, Lucky Craft Sammy, Maria MP-1 55F, Maria MJ-1 D70F

Wintertackle

Rute	WFT Next Millenium Spin 270 cm WG 20–55 g
Rolle	Ryobi Arctica 3000
Schnur	Plasma KG 0,14 mm
Köder	Attractor Gr. F, Lunker City Shaker 4", Salmo Slider 7 cm, Salmo Thrill 9 cm, Maria MJ-1 S130F, Maria MC-1 S52F, Turbotail Größe E

Zur Person

Jan Gutjahr, geboren 1974, ist verheiratet, hat zwei Kinder und angelt seit seinem sechsten Lebensjahr. Seit gut zwanzig Jahren ist er fast ausschließlich mit Kunstködern hinter seinen Lieblingsfischarten her: Zander, Rapfen, Barsch und Wels. Naturköder verwendet Jan kaum, sieht man von einigen Experimenten beim Barben- und Welsangeln ab. Kurz: Jan weiß, wie Kunstköder erfolgreich angeboten werden! Und das nicht nur vor seiner Haustür. Spanien, Italien und Holland waren ebenso wie USA und Polen seine bisherigen Angeldestinationen.

Sein dabei erworbenes breites Wissen gibt Jan bereits seit vielen Jahren als Autor der Magazine „Fisch & Fang" und „Der Raubfisch" weiter, außerdem veröffentlichte er 2002 im Kosmos Verlag das Einsteigerbuch „ABC der Angeltechniken". Seine Teamfähigkeit stellte Jan bei Mosella und Pure Fishing, danach bei Cebbra und seit 2012 bei WFT (World-Fishing-Tackle) unter Beweis. Der Name Jan Gutjahr darf also getrost mit dem Wort „Profi" in einem Satz verwendet werden.

Jan Gutjahr – ein echter Angelexperte.

ANGELN IN DER WALACHEI: RAPFEN IM DONAUDELTA

von Torsten Stegmann

Subtropische Temperaturen in Moskau, bis zu 50 Grad Celsius in Indien und auch in Deutschland fiel das Thermometer selbst nachts kaum unter 25 Grad – der Sommer 2007 war mit unerträglichen Temperaturen auf Hitze-Rekordkurs. Und dabei hatten wir erst Juni, der „richtige" Sommer würde ja erst noch kommen. Keine vertrauens-bildenden Umstände für meinen diesjährigen Angelurlaub, den ich mit drei befreundeten Spinnanglern am berühmten Sarulesti-Stausee in Rumänien verbringen wollte. Der See wurde in den ersten Jahren nach dem Jahrtausendwechsel unter europäischen Karpfenanglern als Weltrekord-Gewässer gefeiert, weil er gigantisch große Karpfen beherbergte und 1998 mit einem 37-Kilo-Spiegelkarpfen tatsäch-lich der damalige Weltrekord gebrochen wurde. Einige Jahre später, 2004, sorgte der See plötzlich für Negativ-Schlagzeilen: Ein großes Fischsterben ließ die Träume vieler Karpfenangler wie Seifenblasen zerplatzen. Fast der gesamte Großfischbestand wurde vernichtet. Trauriger erschienen die Hintergründe dazu, denn all die großen Karp-fen zogen nicht zufällig ihre Runden im Gewässer. Der See ist fest in

Komfortable Lodge am Sarulesti-Stausee – Treffpunkt für Angler aus ganz Europa.

privater Hand und fast alle Karpfen stammten aus dem Donaudelta. Immer wenn die dortigen Fischer besonders große Karpfen in ihren Netzen hatten, wurden diese zum Sarulesti gebracht, um den See nach und nach zu dem zu machen, was er tatsächlich wurde: Ein Mekka für Angler mit nur zwei Wünschen im Kopf: Kilo und Karpfen! Irgendwann gelangte mit den Fischen ein Virus ins Gewässer und der See wurde Geschichte – für Karpfenangler, nicht für uns!

Die Fische haben Hitzefrei

Als die Bartelträger und die, die hinter ihnen her waren, nämlich aus dem Gewässer verschwunden waren, rückten andere Angler nach: Raubfisch-Junkies, die von dem unglaublichen Bestand an Zandern und Barschen angelockt wurden. Glücklicherweise blieben die Raubfische von dem Fischsterben verschont. Tagesfänge von 30, 40 und sogar über 50 Fischen pro Boot schienen normal – wenn das Wetter mitspielte. Und hier schließt sich der Kreis zu meiner Einleitung: Bei unserer Ankunft in Bukarest wurden wir mit Temperaturen über 40 Grad Celsius empfangen – im Schatten! Die Hitzeperiode hatte Osteuropa fest im Griff. Umkehren kam natürlich nicht in Frage, die Stimmung verderben lassen erst recht nicht. Auf der zweistündigen Autofahrt zum See, träumten wir noch von tollen Zanderstrecken

Angeln von morgens bis abends. Die Ausbeute blieb aufgrund der hohen Wassertemperaturen allerdings überschaubar.

und moppeldicken Großbarschen. Um eine lange Geschichte kurz zu machen: Die Wassertemperatur des Sees war in den letzten Wochen auf Badewannentemperatur angestiegen und die Fangergebnisse der letzten Wochen zeigten in eine Richtung – nach unten. So berichtete es unser Guide Paco. Aber weil man seine Erfahrungen ja immer selbst machen muss, um den Erzählungen zu glauben, quälten wir uns durch die nächsten Tage. 12 bis 14 Stunden täglich waren wir bei Sahara-Hitze auf dem See und erkämpften uns 3 bis 4 Zander und ebenso viele Barsche pro Tag und Angler. Zum Verzweifeln, wir befischten schließlich eines der fischreichsten Zandergewässer Europas. Aber: Entscheidend ist beim Angeln nicht was drin ist, sondern was man raus holt. Und das war bei uns recht überschaubar. Eine neue Lösung musste her.

Das Donaudelta – wo die Natur bald vielleicht nicht mehr natürlich ist

Guide Paco kennt sich aus im Donaudelta und führt die Angler sicher durch das Labyrint aus Flüssen, Kanälen und Rinnsalen.

Fine Woche ertrugen wir nun schon die zähe Fischerei am Sarulesti, bis wir uns dazu entschlossen, unseren Standort in eine komfortable Fishing-Lodge im Herzen des Donaudeltas zu verlegen. Die lag im ukrainischischen Grenzgebiet, direkt an einem der drei Mündungsarme, die hier ins Schwarze Meer fließen, nachdem sich die Donau

3000 Kilometer lang durch zehn Länder geschlängelt hat. Im Delta erwartete uns eine atemberaubende Natur, die sich völlig von der kargen Ödnis am Sarulesti unterschied. Ein Dschungel aus Wasser, Schilf und Schlamm.

Nur äußerst dünn mit Ungaren, Bulgaren, Armeniern, Ukrainern, Zigeunern, Tataren und Menschen anderer Ethnien besiedelt. Ein großer Teil der 5000 (!) Quadratkilometer großen Fläche des Deltas besteht aus Schilf, durch das sich labyrintartig Kanäle, Rinnen und Flussarme schlängeln, die sich schon nach der nächsten Kurve in ausgedehnte Seen verwandeln oder nach und nach in Sumpf und Morast enden können. Wer hier ohne ortskundige Führer unterwegs ist, findet selten den Weg alleine heraus. Wir waren vielleicht nicht mitten drin, aber zumindest am Rand der Walachei – und das bitte ich wörtlich zu nehmen, denn die historische Region Walachei zieht sich den Süden Rumäniens entlang bis fast ins Donaudelta. Die Vogel- und Fischwelt im Delta ist beachtlich. Mehr als 300 Vogel- und gut über 100 Fischarten sind hier zu Hause – theoretisch. Ob sie sich tatsächlich noch heimisch fühlen können, ist fraglich. Seit Zerfall des eisernen Vorhangs, der ein Ende der kommunistischen Diktatur Ceausescus und den Zusammenbruch der Planwirtschaft zur Folge hatte, treiben unzählige Schwarzfischer ihr Unwesen. Seitdem sie nicht mehr gezwungen sind ihre Fänge an die staatlichen

Im gesamten Areal des Deltas blüht der legale und illegale Handel mit Fisch – zu Lasten der Bestände.

Einkaufsstellen abzugeben, blüht der legale und illegale Fischhandel. Es gibt keine gesicherten Fangstatistiken mehr und niemand weiß, wie lange der Raubbau noch gut gehen mag. Nur eines ist sicher: Durch jahrelange Überfischung gehen die Durchschnittsgewichte pro Fisch immer weiter zurück.

Endlich – erster Fischkontakt!

Was dies für das Angeln mit Rute und Rolle bedeutet, wurde uns schnell klar. Wir sahen Hunderte von Haupt- und Nebenerwerbsfi-

schern, die in einer unglaublichen Intensität mit Legleinen und Netzen den Fischbestand dieses einzigartigen Naturreservoirs malträtierten. Angesichts der dramatischen wirtschaftlichen Lage Rumäniens kein Wunder: Die Menschen im Donaudelta sind bettelarm und kämpfen Tag für Tag ums Überleben.

Unsere anglerische Pechsträhne setzte sich also auch hier fort. Die Fangergebnisse am

Einzigartige Natur – wie lange wird das noch so bleiben?

Sarulesti waren im Rückblick betrachtet brillant – hinterher ist man immer schlauer. Wir vermuteten vor Abreise ins Delta, dass wir während der Bruthitze dort in den tiefen, strömungsreichen Flussarmen bessere Ergebnisse erzielen könnten, aber alles was wir „fingen", waren die Netze und Leinen der Fischer. Das Wasser schien damit durchzogen zu sein, wie Roquefort mit Schimmel – frustrierend.

Am Abend des dritten erfolglosen Tages sahen wir in einem größeren Flussarm immer wieder Kleinfischschwärme an der Wasseroberfläche am Rande der überhängenden Bäume auseinander spritzen. Aha! Können Sie sich denken, was in uns vorging, nachdem wir tagelang fruchtlos unsere Kunstköder durchs Wasser leierten und nun plötzlich Beutefischchen panisch übers Wasser flitzen sahen? Rrrichtiiig:

Adrenalin! Die kleinen Tierchen hüpfen ja nicht vor lauter Freude aus dem Wasser – da ist jemand hinter ihnen her! Jemand? Raubfische – und auf die hatten wir es schließlich abgesehen! Jetzt wurde es spannend…

Büsche, Bäume, Bisse

Wir kramten in unseren Köderboxen nach kleinen, ins Beuteschema passenden Oberflächenködern und ließen uns lautlos bis etwa 20 Meter Entfernung an die überhängenden Bäume herantreiben. Ohne einen Mucks zu sagen warfen wir unsere Mini-Wobbler in den heißen Bereich – nichts. Dann noch mal – nichts. Und noch mal und noch mal. Nichts! Gibt's doch gar nicht. Jetzt probierten wir es mit Spinnern – erfolglos. Kann man wirklich so viel Pech auf einer Angelreise haben? Man kann.

Nach einer langen, enttäuschenden halben Stunde kramte ich aus der hintersten Ecke meiner Box einen kleinen Effzett-Blinker hervor. Auswurf bis dicht an die Bäume, eine Kurbelumdrehung – „Bäääm!" Jaaaa, ich hatte den ersten Räuber am Band! Nach kurzem aber heftigen Drill entpuppte sich mein Kontrahent als silbern glänzender Rapfen, mindestens 60 Zentimeter lang. Na bitte, klappt doch! Und mit diesem Fisch war nun der Startschuss gefallen, denn ich erlebte ab dieser Minute eine nicht enden wollende Fangserie. Jeder Wurf, der den Effzett dichter als fünfzehn Zentimeter vor die überhängenden Bäume beförderte, brachte einen Biss. An diesem Tag hatte ich eine ganze Flasche Zielwasser getrunken und schlenzte fast jedes Mal den Köder direkt vor die Bäume. Die Bisse kamen ausschließlich auf den ersten Zentimetern nach Aufklatschen des Blinkers. Warf ich versehentlich nur bis auf 30 Zentimeter an

Endlich! Der erste Räuber hat den Köder gepackt!

Bloß nicht zu weit werfen. Nur wenn der Köder unmittelbar vor den überhängenden Bäumen landete, gab es einen Biss.

die Bäume, gab es vielleicht auch noch einen Biss. 50 Zentimeter? Keine Chance.

Malheur mit Folgen

Blendender Erfolg: Torsten räumte ordentlich ab.

Nach dem zehnten Rapfen war ich innerlich regelrecht aufgerieben und befand mich wie in einem Rausch, bei den Würfen aber blieb ich cool und traf sicher den heißen Streifen vor den Bäumen – bloß nicht zu weit werfen. Aber Sie erinnern sich: Ich war ja nicht alleine auf diesem Angeltrip und meine drei Mitstreiter waren bis jetzt noch ohne Fisch. Nur: Was ist ein Angeltrip mit Freunden, wenn bloß einer fängt? Was die anderen auch durchs Wasser harkten, sie gingen leer aus. Zumindest hatte ich noch einen weiteren Effzett in der Kiste und da ich nicht riskieren wollte von meinen Angelkollegen „versehentlich" ins Wasser gestoßen zu werden und alleine fangen sowieso keinen Spaß macht, gab ich ihn Bootspartner Ernie. Der nahm dankend an, warf aus und: „Bäääm!". Jetzt war auch er an der Reihe. Gleiches Spiel beim nächsten Wurf. Petri Heil, Ernie! Und auch danach kamen noch zwei Rapfen für Ernie dazu. Sein fünfter Wurf: kein „Bäääm!", nur leises „Raschel-Raschel" – er hatte den Effzett in den Baum gepfeffert. Und zwar mitten rein. Der Super-Gau: Alles Ziehen und Zerren nützte nichts, der Köder riss im Gestrüpp ab und zu allem Übel fanden wir ihn auch nicht wieder.

Aber Ernie ist ein Freund – ein wirklicher Freund. Keiner von denen aus dem „Neid-Club", die sich selbst das Beste und den anderen gar nichts gönnen. Er ertrug den ungleichen Angeltag nicht nur mit Würde, er freute sich regelrecht für mich mit, denn was ich hier erlebte war eine echte Sternstunde. Ich war mitten im Fisch und fing mich dumm und dusselig. Am Ende dieser zweieinhalbstündigen Fangserie hatte ich sagenhafte 63 Rapfen zwischen 40 und 70 Zentimetern

Einer, sonst keiner! Bisse gab es fast nur auf den guten alten Effzett-Blinker.

Den Erfolg in den Händen! Bootspartner Ernie guckte zwar fast die ganze Zeit nur zu, zeigte aber keine Spur von Neid – ein echter Freund.

gefangen. Ernie kam auf vier Fische und unsere beiden Freunde im benachbarten Boot auf zusammen fünf Fische, obwohl sie tapfer alles, was die Köderboxen hergaben, durchs Wasser leierten. Dieses Erlebnis hielt mir eine wichtige Erkenntnis zum Rapfenfang vor Augen: Experimentierfreude bei der Köderwahl und auch mal das scheinbar Undenkbare wagen, können zum Fangerfolg der „unfangbaren" Rapfen beitragen.

Ein Effzett – hätten Sie DAS gedacht?

Zur Person

Torsten Stegmann, Jahrgang 1966, darf getrost als Fisch-
experte bezeichnet werden. Als Vollblutangler mit vierzig-
jähriger Erfahrung tut man sich schwer, ihn in eine Schub-
lade stecken zu können. Ob Karpfen- oder Meeresangeln,
Bluewater-Fishing auf die großen Schwerträger, Nilbarsche
im ägyptischen Nasser-Stausee oder die ganz normale Räu-
berjagd in Norddeutschen Gefilden – er hat alles schon mit
Erfolg ausgeübt. Und als ob das nicht schon reichen würde,
hat er die Fische inzwischen sogar zu seinem Beruf gemacht:
Nach zwanzigjähriger Tätigkeit als Koch arbeitet er heute als
Fischfachberater im Fisch- und Seafood-Großhandel, um sein
Fachwissen an Händler weiterzugeben. Durch regelmäßige Stu-
dienreisen und Intensivseminare wird er immer wieder up to
date gebracht, was die Kenntnisse über seine Flossenfreunde
betrifft. Im Urlaub und an den Wochenenden geht's dann mit
der Angelrute ans Wasser. Wenn jemand etwas über Fische
weiß, dann ist es Torsten Stegmann.

Torsten Stegmann
– Ein Experte in
Sachen Fisch.

HOLLAND IN NOT?
RAPFENANGELN IN DEN NIEDERLANDEN

Von Michel Dekker

Als ich von Florian gefragt wurde ein Kapitel für dieses Buch zu schreiben, kamen zwei Gefühle in mir auf. Ich war überrascht und fühlte mich gleichzeitig geschmeichelt. Der erste Gedanke der mir in den Sinn kam: Was kann ich über das Rapfenangeln schreiben, was nicht schon im Buch erwähnt ist? Unsere Fischerei hier in Holland wird sich wahrscheinlich kaum von der in Deutschland unterscheiden. Vielleicht in einigen Details … aber grundsätzlich?

Also entschied ich, zusätzlich über die kurze Historie des Rapfenangelns in Holland zu schreiben, die erst vor zehn Jahren begann.

Rapfen sind eine völlig neue Spezies in den Niederlanden. Experten sind der Meinung, dass die Verbindung zwischen Donau und Rhein – der Main-Donau-Kanal – eine einfache Route für die Fische darstellt und damit den Grundstein für unsere Angelei gelegt wurde. Fakt ist, dass der Kanal 1992 fertiggestellt wurde und ein Jahr später

Krumme Rute im Sonnenaufgang – so darf ein Angeltag gerne beginnen.

die ersten Fangmeldungen aus holländischen Gewässern die Runde machten. Der allererste Rapfen wurde zwar bereits 1984 gefangen, aber erst zwischen 1990 und 1992 kamen drei weitere Fänge dazu. Ein Jahr später, 1993, wurden plötzlich sieben Fische gemeldet und dann ging es plötzlich Schlag auf Schlag. Immer öfter machten die Geschichten von gefangenen Rapfen ihre Runden. Seit etwa 2005 betrachten wir diesen Fisch in unseren großen Flüssen Rhein, Waal, Maas und IJssel als „normal". Seitdem schreitet ihre Verbreitung immer weiter fort und sie sind in vielen verschiedenen Gewässern zu finden. Insbesondere die miteinander verbundenen Gewässersysteme haben heute die beste Population.

79 Zentimeter lang und ordentlich Gewicht auf den Gräten. Diesen Fisch fing Michel dicht am Grund auf den Bassday Range VIB.

Als diese Entwicklung begann und wir förmlich dabei zusehen konnten, wie sich die Fische immer weiter verbreiteten, wussten wir nicht was wir von der zukünftigen Fischerei erwarten sollten. Wir fingen unglaublich viele Rapfen und sogar wirklich große Exemplare waren darunter. Meinen bis heute größten Fisch fing ich 2004. Zum damaligen Zeitpunkt dachten wir, dass der Fang von noch viel größeren Exemplaren nur eine Frage der Zeit sein würde. Aber wir hatten Unrecht. Im gleichen Jahr, in dem ich meinen größten Rapfen fing, wurde sogar ein Preis ausgeschrieben. Der erste Angler, der einen Rapfen mit über einen Meter Länge fängt, sollte eine tolle Angelreise gewinnen. Alle dachten, dass dies ganz sicher schon bald der Fall sein würde. Ein Jahr später wurde die Länge um zehn auf 90 Zentimeter verringert, aber bis heute hat niemand den ausgeschriebenen Preis gewinnen können. Gerüchte machten vor einiger Zeit die Runde, dass einem Angler tatsächlich der Fang eines Rapfens von mehr als einem Meter Länge gelungen sei. Besser noch: es gab Fotos von dem Fisch! Aber alle, die das Bild sahen, waren einstimmig der Meinung, dass

Den Rapfen, den Sie hier kurz vor der Landung sehen, können Sie auf der Aufmacherseite zu diesem Kapitel in voller Länge bewundern.

der Fisch unmöglich so groß gewesen sein kann – Fall geschlossen.

Heute betrachten wir die Population in unseren Flüssen als mehr oder weniger stabilisiert. Ich bin ganz sicher, dass bei uns Fische von über 90 Zentimetern Länge – und vielleicht sogar noch größere Exemplare – herumschwimmen, aber das werden echte Ausnahmefische sein. Ich muss allerdings gestehen, dass bisher noch kein Beweis für deren Existenz gebracht wurde.

Erste Begegnung

Das Interesse am Rapfen war bei mir schon vor vielen Jahren aufgekommen. Es muss irgendwann in den Neunzigern gewesen sein, nachdem ich einen Artikel in einem Fliegenfischer Magazin gelesen hatte. Da es sich dabei aber um Zufallsfänge gehandelt hatte, habe ich die Geschichte irgendwann wieder vergessen, ohne selbst jemals einen Versuch gestartet zu haben. Als mein guter Freund Arnout Terlouw aber erste Erfolge bei der Rapfenjagd verbuchen konnte, flammte mein Interesse nicht nur neu auf, es wurde immer größer. Das muss ungefähr 2003 gewesen sein und einer seiner ersten Versuche mündete in dem Fang eines 70-Zentimeter-Fisches. Der Angelplatz befand sich direkt an der Mündung der Waal im Südwesten Hollands. Ganz in der Nähe meiner Wohnung, im Norden Hollands, fließt die IJssel, die ebenfalls ein Nebenarm des Rheins ist. Warum nicht einmal dort versuchen? Und tatsächlich, bei meinem allerersten Versuch wurde ich ebenfalls mit einem Rapfen von mehr als 70 Zentimetern Länge belohnt. Ich war sofort süchtig nach diesem Fisch.

Viele Male habe ich in dieser Saison auf Rapfen gefischt und das

Ergebnis war gut, unglaublich gut! Niemand anderes befischte meinen Spot und der war voll mit Rapfen – auch mit Großen. Fünf bis
fünfzehn Rapfen an einem Nachmittag zu fangen war fast normal und
jedes Mal waren Fische über 70 dabei, der Größte brachte es sogar
auf deutlich über 80 Zentimeter Länge.

Ich war außer mir vor Freude und fragte mich, was wohl erst in ein
paar Jahren möglich sein wird, wenn es schon in der ersten Saison so
unfassbar gut läuft? Nun, die Jahre sind inzwischen vergangen und
unsere großen Erwartungen wurden niemals wahr. Die „Explosion"
des Bestandes scheint sich stabilisiert zu haben. Es wirkt so, als
hätte diese neue Spezies eine Lücke in unserem heimischen Fischbestand geschlossen. In den Anfangsjahren sahen wir im Herbst
noch große Schulen kleiner Rapfen durch die Flüsse ziehen – heute

Spannung pur!
Der Fisch wurde
über tiefem Was-
ser gehakt und
gibt am Ende des
Drills noch mal
alles.

Catch and Release
– hier gleitet ein
guter Fisch zurück
ins Wasser.

ist dies nicht mehr zu beobachten. Ich denke, die meisten von ihnen sind größer geworden und die Natur hat den Rest zu einem ausgewogenen Bestand beigetragen, so dass nun ein normaler Kreislauf entstanden ist.

Als Rapfen bei uns in Holland zu einer neuen beangelbaren Fischart wurden, gab es kaum Informationen, wie man sie erfolgreich überlisten kann. Einiges lasen wir uns aus deutschen Angelmagazinen und Webseiten zusammen, aber auch hierbei handelte es sich meist um Basisinfos. Wir wussten, dass Rapfen sehr flinke Fische sind, in den oberen Wasserschichten rauben und dort zu finden sind, wo die stärkste Strömung herrscht, aber es wurde nur sehr wenig über ihr Verhalten während der verschiedenen Jahreszeiten geschrieben. Wir versuchten unser Glück in den Sommermonaten, wenn sich die Kleinfischschwärme an der Oberfläche aufhielten. Und im ersten Jahr hatten wir bis Ende September einige gute Fänge vorzuweisen, bis die Fische plötzlich wie vom Erdboden verschluckt waren. Sie schienen sich ab einer bestimmten Wassertemperatur von den gewohnten Spots zu entfernen, um sich auf den Weg zu anderen Stellen zu machen. Aber wo sind diese Stellen? Eigenartig: Einige Wochen später sahen wir, dass sich große Schulen kleinerer Rapfen im Mündungsbereich der IJssel versammelten, sich dort einige Wochen aufhielten und irgendwann wieder verschwanden. Es gab also noch eine Menge über ihr Verhalten zu lernen.

Leider ist bei uns in Holland zwischen dem 1. April und 1. Juni für verschiedene Fischarten Schonzeit und es ist uns in diesem Zeitraum nicht gestattet mit Kunst- und bestimmten Naturködern zu angeln. Das bedeutet, dass wir vor dem 1. Juni eigentlich keinerlei Erfahrungen übers Rapfenangeln machen können. Bis dahin gibt es aber schon reichlich sonnige Tage, an denen sich im zeitigen Frühjahr ganz sicher ein Versuch lohnen würde. Wir fanden heraus, dass die Fische manchmal schon ab Ende März sehr aktiv an den Sommer-Spots unterwegs waren. Vermutlich beginnen Sie bei Wassertemperaturen um 10 Grad Celsius immer aktiver zu werden. Vielleicht auch erst etwas später, aber die Temperatur ist definitiv der Schlüssel, wenn es um

die Frage geht, wann die Rapfen wieder mit dem Rauben beginnen. Einer meiner besten Angelplätze ist eine große Sandbank, die sich in unmittelbarer Nähe zu tieferem Wasser befindet. Wahrscheinlich liegen die Fische bei kaltem Wasser dicht am Grund und ernähren sich von Algen anstatt von kleinen Fischen. Wie ich darauf komme? Eigentlich ist es ja nicht erlaubt, aber manchmal starten wir die ersten Versuche auf Rapfen bereits im März. Die meisten Fische, die wir im zeitigen Frühjahr fangen, haben Parasiten am Körper und

Tolle Gegenlichtstimmung auf dem Buhnenkopf.

Und wieder: der Bassday Range VIB – Michels Lieblingsköder beim Rapfenangeln.

sind ausgesprochen dünn. Ihre Ausscheidungen sind zu dieser Zeit grün, was beweist, dass sie eine andere Nahrung als im Sommer aufnehmen. Vielleicht ist das der Grund, warum sie im Winter so schwer zu fangen sind? Außerdem haben wir festgestellt, dass ihr Gewicht wieder rasant zunimmt, wenn sie erstmal aktiv geworden sind. Wenn wir sehen, dass die Fische wieder auf Beutezug gehen, können

wir mit Sicherheit sagen, dass sie auch wieder mit Kunstködern fangbar sind. Mit der ersten Erwärmung im Frühjahr beginnen Rotaugen und Brassen auch mit ihrem Laichgeschäft und spätestens wenn die kleine Brut geschlüpft ist, legen auch die Rapfen wieder los. Zu dieser Zeit kann die Angelei zwar noch sehr schwierig sein, aber es wird von Woche zu Woche und mit steigender Wassertemperatur immer besser und wir fischen normalerweise – je nach Wetterlage – bis Anfang Oktober auf Rapfen. Dann verschwinden die Fische wieder irgendwohin …

Angelplätze

Schlechtes Wetter gibt's nicht, nur schlechte Kleidung! Wo es geht, watet Michel möglichst dicht an die Kante zum tieferen Wasser und damit dicht zu den Fischen.

Obwohl Rapfen heutzutage in den meisten Gewässern Hollands anzutreffen sind, befinden sich die besten und erfolgreichsten Angelplätze in den Flussmündungen. Der Rhein bildet die Basis für unsere Flüsse, die ihm entspringen. Unmittelbar hinter der Holländischen Grenze teilt sich der Fluss in Nederrijn (Nord) und Waal (Süd). Aus dem Nederrijn entspringt einige Kilometer weiter westlich die IJssel. Flussabwärts nennt sich der Hauptarm dann Lek und aus ihm entspringt der Uode Rijn. Alle genannten Flüsse münden in der Nordsee. Der südliche Arm des Rheins – die Waal – teilt sich im Mündungsgebiet

ebenfalls weiter auf und bildet „De Biesbosch", heute ein großer Nationalpark an der Nordsee. Im letzten Teil vor der Küste wird er dann Haringvliet genannt. Und auch die Maas, ebenfalls ein ertragreicher Fluss, ist mit der Waal verbunden. Heute gibt es in allen genannten Gewässern gute Rapfenbestände. Hot spots sind eindeutig Dämme und Sperrwerke, leider ist es aber bei empfindlichen Strafen verboten, dichter als 75 Meter an diesen Bauwerken zu fischen.

Natürlich gibt es aber auch viele andere gute Angelplätze. Die Ufer holländischer Gewässer wurden streckenweise kilometerlang mit Buhnen gegen Strömung und schlagende Wellen der Schifffahrt gesichert. Hier sind es entweder die Buhnenköpfe oder die Sandbänke zwischen den Buhnen, an denen gute Fänge möglich sind. Wer in den vielen Buhnenkesseln eine möglichst flache Sandbank findet, die dicht an der Hauptströmung liegt, fischt an der richtigen Stelle. Fehlen die Sandbänke weil die Buhnen nur sehr kurz sind, rauben die Rapfen häufig in unmittelbarer Nähe des Buhnenkopfes, wo die starke Strömung vorbeirauscht.

Aber auch alle anderen Bereiche die den gleichmäßigen Strömungsverlauf unterbrechen, sind potenzielle Angelspots. Halten Sie also Augen und Ohren offen, wenn Sie nach Fischen suchen. Raubende Rapfen können kaum übersehen werden.

Ein absoluter Hot Spot, nur leider ist das Fischen an diesen Stellen in Holland untersagt. Wer sich darüber hinwegsetzt, riskiert in Holland empfindliche Geldstrafen.

Seen, die dicht am
Fluss liegen, sind
häufig gute Plätze.
Hier halten sich
immer Kleinfische
auf, die Rapfen
anlocken.

Und noch ein Platz kann Ihnen zu außerordentlichen Rapfenfängen verhelfen: Die Einfahrten von Häfen, Kanälen und Seen, wovon wir sehr viele in Holland haben. Rapfen wissen, dass sie dort auf Beutezug gehen können und halten sich oft zahlreich in den Grenzgebieten zwischen Fluss und See auf. Haben Sie einen Rapfen gesehen, sollte sofort der Köder dorthin fliegen.

Köder

Als wir begannen auf Rapfen zu angeln, haben wir ausschließlich kleine Blinker und Pilker als Köder verwendet. Wir hatten von den klassischen Rapfenbleien aus Deutschland gehört und waren der Meinung, dass sich unsere Köder kaum davon unterscheiden würden und ebenso fängig wären. Und ja, sie waren und sind es! Zügig unter der Wasseroberfläche eingeholt, schienen die Rapfen ganz heiß auf die Dinger zu sein. Einen dieser Köder benutze ich heute noch. Einfach, weil es ein absoluter Abräumer ist. Der „Killy-fish" Pilker in orange/silber mit 20 Gramm Gewicht. Leider wird er nicht mehr hergestellt und ist in den Angelgeschäften kaum noch zu finden. Glücklicher-weise habe ich vor einigen Jahren eine große Anzahl auf Vorrat gekauft. Puh!

Wir haben früh angefangen, auch mit allen anderen Arten kleiner Kunstköder zu fischen, aber die Aus-wahl guter Köder war limitiert und das Internet gab noch nicht so viel her wie heutzutage. Der Rapala Longcast Minnow in acht und zehn Zentimetern Län-ge sah aus, als sei er extra für das Rapfenangeln designt worden. Er lässt sich weit werfen, schnell führen und, ganz wichtig, er läuft dicht unter der Oberfläche. Und besser: Er ist bis heute definitiv ein Fänger! Der perfekte Köder.

Als das Angebot im Internet wie die Population der Rapfen explodier-te, hatten wir plötzlich die Möglichkeit, mit allen Ködern die auf dem Globus verfügbar sind, zu fischen. Wir fanden viele gute Kunstköder und alle fingen, aber einige sind einfach großartig. Es ist nicht nur die Farbe, die einen Köder zu etwas Besonderem macht, es ist auch die Art, mit der man sie fischen kann.

Für den Killyfish in orange silber hat Michel einen Spitznamen:„Super-lure". Er wird schon wissen, warum!

Ein flach laufender Wobbler verführte diesen Fisch am frühen Morgen.

Wenn ich nach neuen Ködern suche, achte ich auf folgende Kriterien:

Größe: Köder über 10 Zentimeter Länge verwende ich nicht. Rapfen nehmen zwar auch diese Köder, aber wir brauchen auch kräftigeres Gerät dafür. Meine Köder sind etwa fünf bis zehn Zentimeter lang.

Gewicht: Manchmal sind weite Würfe erforderlich, um die Fische zu erreichen. Deshalb achte ich auf ein möglichst hohes Gewicht. Viele meiner Köder sind sinkende Varianten. Die lassen sich nicht nur weiter werfen, es ist zusätzlich möglich, sie in unterschiedlichen Wassertiefen anzubieten.

Haken: Die Haken müssen absolut scharf und dürfen nicht zu dünndrähtig sein.

Laufverhalten: Der Köder muss auch bei hoher Geschwindigkeit und starker Strömung stabil laufen und sollte nicht seitlich ausbrechen.

Welche Köder ich am Liebsten verwende? An den meisten Angeltagen verwende ich nur fünf verschiedene Köder. Ohne sie verlasse ich nicht das Haus. Natürlich habe ich noch viele, viele mehr, aber in 90 Prozent der Fälle verwende ich ausschließlich die folgenden Modelle:

Kleine Pilker. Wie oben erwähnt, den Killyfish in orange/silber mit 20 Gramm Gewicht. Mit ihm habe ich reihenweise Rapfen gefangen. Er lässt sich in unterschiedlichen Wassertiefen führen. Oberflächennah genauso, wie jiggend am Grund.

Bassday Range VIB 70ES. Ein Vibrationsköder, der sich wie ein Geschoss werfen lässt und langsam, schnell, tief und flach geführt werden kann. Der VIB 70 ES ist zwar nicht in vielen Internetshops zu finden, aber er ist es wert gekauft zu werden. Ich bestelle meine bei www.eastackle.com. Dort werden (noch) keine Versandkosten berechnet, so dass es nicht nötig ist, größere Mengen zu bestellen.

SPRO Aruku Shad 75. Ein Rasselköder, der allerdings leider etwas windanfällig ist. Der Aruku kann wie der Range VIB in verschiedenen Tiefen geführt werden. An einigen Tagen mögen die Rapfen sein lautes Rasseln.

Megabass Zonk. Ein flach laufender Wobbler, der auch in starker Strömung und bei hoher Geschwindigkeit „in der Spur" bleibt. Den Megabass Longcast Minnow mag ich ebenfalls sehr.

Excalibur Spit'n Image. Rapfen lieben Oberflächenköder – manchmal. Aber wenn es der Fall ist, setze ich auf diesen Köder, der sich „walk the dog", also im Zickzack, führen lässt und zusätzlich Rasselkugeln im Inneren hat. Weitere Oberflächenköder die ich – genauso wie Florian – gerne verwende, sind der Storm Chug Bug und der Rapala Skitterpop.

Um die genannten Köder richtig zu führen, verwende ich 2,40 Meter lange Ruten mit einem Wurfgewicht zwischen 30 bis 40 Gramm. Als Rolle setze ich ein 4000er Modell ein, denn mit ihr sind nicht nur weite Würfe, sondern auch schnelles Einholen einfach zu bewerkstelligen. Meine Schnur ist – natürlich – Geflochtene, die von hoher Qualität, möglichst dünn (0,12–0,14 mm) und rundgeflochten sein soll. Ich setze die Fireline XDS oder Spiderwire Code Red ein. Manchmal verwende ich Fluorocarbonvorfächer, aber ich habe in Bezug auf die

Dieser Rapfen nahm den Köder dicht an der Buhnenspitze.

Im richtigen Moment
auf den Auslöser ge-
drückt: Hier wird ein
Spro Arukushad auf
die Reise Richtung
Rapfen geschickt.

Fänge niemals einen Unterschied festgestellt, ob ich meine Köder
mit oder ohne anbiete.

Führungsvarianten

An dieser Stelle fasse ich mich kurz. Ich glaube nicht, dass meine
Führungsvarianten sich von dem unterscheiden, was Florian darüber
bereits geschrieben hat. Am Anfang machten wir es uns einfach:
Weit schmeißen, schnell kurbeln. Es war fantastisch einfach und wir

fingen viele Fische auf diese Weise. Die Bisse schlugen wie Spreng-
ladungen in die Rute. Wow! Aber die Rapfen lernten vermutlich sehr
schnell aus ihren Fehlern und schon bald wurden kurze Spinnstopps
immer wichtiger, um Bisse zu bekommen. In den letzten zwei bis drei
Jahren scheint sich aber auch das verändert zu haben. Wir fangen die
meisten Fische inzwischen sehr grundnah, ganz besonders die größeren Exemplare werden kaum noch in den oberen Wasserschichten
gehakt. Außerdem sehen wir immer weniger Oberflächenaktivitäten
während der Jagdphasen. Es wirkt fast so, als würden die Fische ihr
komplettes Jagdverhalten einige Etagen tiefer verlagern. Liegt es an
den kalten Sommern? Ist es der Angeldruck? Oder haben sich die
Fische eine neue Nahrungsgrundlage erschlossen? Wir wissen es
nicht, aber ich bin überzeugt, dass wir es im Laufe der Zeit herausfinden werden.

Interessanterweise fangen aber die Zanderangler, die mit ihren Gummifischen stellenweise auf den gleichen Spots wie wir angeln, so
gut wie keine Rapfen. Gegenseätzlich ist, dass wir mit Hardbaits
und sie mit Softbaits fischen. Aber: macht das tatsächlich einen
Unterschied? Die Führungsvariante ist die gleiche, wenn wir mit dem
Range VIB oder Aruku Shad am Boden jiggen. Die Attacken kommen
fast immer in der Absinkphase des Köders, nachdem wir ihn ange-
zupft haben. Meist sind die Bisse – wie beim Zanderangeln – mit einem leichten „Tock" in der Rute zu spüren, der sich umgehend in eine
Explosion verwandelt, hat der Rapfen erst den Schwindel bemerkt.

Bei dieser Angelart haben wir deutlich mehr Beifänge von anderen
Raubfischen, als bei der schnellen Führungsvariante an der Oberfläche. Das macht natürlich richtig Laune und hält so einige Überraschungen parat. Ich weiß, dass ich noch immer eine ganze Menge
über das Rapfenangeln lernen kann. Immer wenn ich denke, ich
habe etwas herausgefunden, ist es in der folgenden Saison wieder
vollkommen anders. Die Fragen gehen also niemals aus. Meine Favoriten: Wo sind die Rapfen im Winter? Und was fressen sie dann? Wie
groß werden sie wirklich? Früher oder später werden wir Antworten
bekommen, denn wir haben viel Zeit all das herauszufinden. Nach
fast zwanzig Jahren ist der Rapfen für uns schließlich noch immer
eine „neue" Fischart.

Seitdem Michel
oft auch grundnah
auf Rapfen fischt,
nehmen die
Beifänge zu –
wen stört's?

 Zum Angeln in Holland wird, wie überall auf der Welt, eine Angellizenz benötigt. Die ist allerdings unkompliziert und für wenig Geld in Angelgeschäften,
Tankstellen und Postfilialen erhältlich. Es handelt sich um den „Vispas", der
in Kreditkartenformat ausgegeben wird. Wer mit Kunstködern angeln möchte,
benötigt eine größere Variante des Vispas, der für rund 40 Euro pro Jahr gelöst
werden kann. Vom 1. April bis 1. Juni ist das Angeln mit Kunstködern untersagt.
Das Übertreten von Regeln kann sehr teuer werden. Die Strafen liegen – je
nach Vergehen – zwischen 75 und 300 Euro. Alle weiteren Informationen und
Reglements finden Sie (auch in deutscher Sprache) unter www.vispas.nl

Mit dem Vispas
können für wenig
Geld die meisten
Gewässer Hollands
befischt werden.
Der Kauf der Lizenz
ist ausgesprochen
unkompliziert.

Zur Person

I just like fishing! Dies war der abschließende Satz, als ich **Michel Dekker** um seinen anglerischen Lebenslauf für dieses Buch bat. Es drückt perfekt aus, wo Michels Schwerpunkte in seiner Angelei liegen: überall! Als Sechsjähriger durch seinen Vater ans Fischen herangeführt, reichten schon bald die kleinen Rotaugen und Barsche nicht mehr aus, um seinen Entdeckergeist auch nur annähernd zu befriedigen. Sein Großvater nahm in regelmäßig mit zum Karpfenangeln, später entdeckte Michel seine Leidenschaft für Raubfische und im Alter von 20 Jahren kam auch noch das Fliegenfischen dazu. Weltweit übrigens! Damit infizierte sich Michel mit einem weiteren Virus: Reisefieber. Nach dem Studium begann er seine Arbeit in dem kleinen Reiseunternehmen P&S Visreizen, dass sich auf organisierte Angeltouren spezialisiert hat. Außerdem verdiente Michel sein Geld in Angelshops oder als Freelancer für verschiedensprachige Angelmagazine. Somit hatte Michel ideale Voraussetzungen geschaffen, den gesamten Globus mit der Angelrute zu bereisen. Nichts hat ihn dabei so in seinen Bann gezogen, wie der Amazonas. „Egal wie oft ich da war, ich will immer wieder hin!" so Michel. „Aber wenn ich zu Hause bin, liebe ich das Angeln mit Kunstködern. Und Oberflächenangeln auf Graskarpfen. Flussfischen auf Barben auch. Und Alandangeln finde ich auch klasse. Es ist so schwer … I just like fishing!"

DANKSAGUNG

ICH WEISS, WAS DU LETZTEN SOMMER GETAN HAST

Viele Bücher entstehen aus einer lang gehegten Idee, die verworfen und wieder aufgenommen, verändert, weitergesponnen und abermals verworfen wird, bis sich nach und nach aus dieser Idee ein Konzept formt, das später irgendwann zwischen zwei Buchdeckeln in gedruckter Form vorliegt und nachgelesen werden kann. Ich weiß, wovon ich schreibe – mit diesem Werk bin ich bereits zum vierten Mal als Buchautor tätig geworden. Nur, diesmal war ein entscheidendes Detail anders: Verworfen, verändert und weitergesponnen habe ich das eine oder andere, ja. Eine lang gehegte Idee ging dem Geschriebenen aber kaum voraus. Im Frühjahr diesen Jahres lernte ich über Umwege den Mann kennen, der hinter dem NORTH GUIDING.com Verlag steht: Michael Zeman. In wenigen Jahren gelang es ihm – unter Mit wirkung einiger sehr erfahrener Angler und Autoren – insgesamt 19 Angelbücher und Angelführer herauszugeben, die sich an den spezialisierten Angler richten. Dazu braucht man Mut und Zielstrebigkeit! Mich fragte Michael, ob ich als Autor für das Zwanzigste Buch seiner noch sehr jungen Verlagsgeschichte zur Verfügung stehen könnte. Meine Antwort darauf halten Sie in den Händen. Und ob ich wollte! Im vergangenen Sommer entstanden somit die 224 Seiten, die Sie gerade gelesen haben. Dafür, dass Michael mir und meiner Arbeit auf Anhieb das nötige Vertrauen entgegenbrachte, die Umsetzung mit Entschlossenheit durchführte und mir dabei alle gestalterischen Freiheiten ließ, möchte ich ihm danken.

Mitwirkung mit Wirkung

Von einem Zwei-Mann-Projekt ist dieses Buch allerdings so weit entfernt, wie der springende Fisch in der Mitte des Sees vom Angler. Ohne Hilfe geht es nicht, und deshalb möchte ich mich bei meinen Gastautoren und all denen, über dessen Schultern ich geschaut und die ich ausgefragt habe, herzlich bedanken.

Vielen Dank, Michel Dekker, für das spannende Kapitel über deine Rapfenjagd in Holland. Ein gutes Beispiel, wie hilfreich die neuen Medien und sozialen Netztwerke sein können, denn Michel und ich haben uns noch nie im Leben persönlich gesehen. Vor mehr als zehn Jahren buchte ich einen Angeltrip nach Brasilien über seinen Arbeitgeber „P&S Visreizen" (www.psvisreizen.nl), später fanden wir uns bei facebook wieder und betrieben schon bald regen, aber bisher leider nur virtuellen Erfahrungsaustausch übers Rapfenangeln.

Einen tollen Beitrag lieferte auch Jan Gutjahr aus Rheinland-Pfalz, der schon viele Jahre auf Rapfen fischt und mir – uns allen – außergewöhnliche Informationen mit seinem Beitrag über die Fischerei an Mosel und Rhein zukommen ließ, die sich im Laufe der Jahre durch ein anderes Beutefischaufkommen so massiv veränderte. Vor Jans anglerischen Erfolgen (über Jahre hinweg) und für seine professionelle und verlässliche Mitarbeit an diesem Buch ziehe ich den Hut. Danke!

Eine Zusammenarbeit, die erst im Laufe der Bearbeitungsphase dieses Buches zustande kam, war die mit Daniel Göz. Ihn kannte ich bisher eigentlich nur aus dem Fernsehen, denn ich war, bin und bleibe ein großer Fan seiner beiden außergewöhnlichen Fliegenfischerfilme „Tapâm" und „Gaula", die auf einem unglaublich hohen Niveau produziert wurden. Den gleichen Maßstab legte er für die Fotos seines tollen Gastkapitels in diesem Buch an. Herzlichen Dank für die unkomplizierte Zusammenarbeit, Daniel. Es macht mich stolz, ein Kapitel von dir in diesem Buch zeigen zu dürfen!

Nicht minder hilfreich war die Unterstützung von Eric Vondung aus Ludwigshafen am Rhein, der Ihnen im Kapitel „Fünf vom Bindestock – erfolgreiche Fliegenmuster" die tollen (und fängigen!) Rapfen-Fliegen samt Materialliste gezeigt hat. Ich selbst bin da ja eher Grobmotoriker und habe mich auf das beschränkt, was ich am besten kann: Fotografieren. Eric hat für diesen Part also gebunden, gewickelt und geschrieben, ich habe aufs Knöpfchen der Kamera gedrückt. Klassische Arbeitsteilung.

Toll finde ich auch die Zeilen meines Schwagers Torsten Stegmann, der dieses Buch mit seinem Erlebnisbericht aus der Walachei bereichert hat. Als rastloser Angler, der sich überall dort zu Hause fühlt, wo mit krummer Rute zu rechnen ist, entstanden seine Zeilen ganz stilecht auf einem Angeltrip nach Norwegen – zwischen Mitternachts-sonne und Tidenhub. Schanke dön, mein Gutster!

Eine neue, beeindruckende Erfahrung war für mich der Kontakt zu den beiden Street-Fishern Noel Blunder und Eric Otten, deren Be-geisterung für jeden Fisch, sei er noch so klein, eine ansteckende Wirkung auf mich hatte. Mit einer Mischung aus Faszination und Neu-gierde habe ich die zwei Jungs ans Wasser begleitet und bemerkte sehr schnell, dass in beiden nicht nur eine große Angelleidenschaft brennt, sondern dass sie genauso hoffnungslos wie wir alle vom Angelvirus befallen sind – endlich mal wieder normale Leute! Vielen Dank für eure Unterstützung.

Jetzt wird's schwierig, denn natürlich möchte ich mich auch bei mei-nem Freund Jan Borek bedanken, den ich (längst nicht nur) zum Fliegenfischen begleitet habe. Das Problem: Wo fange ich an und wo höre ich auf? In den letzten Jahren haben wir gemeinsam so viel Zeit am Wasser verbracht, wie es eben möglich ist, wenn man in über 300 Kilometern Entfernung wohnt. Unzählige Fische habe ich Jan's Spürsinn und Erfahrung zu verdanken, die heute in meinem Fangbuch stehen. Sein Kapitel übers Fliegenfischen ist bei all der Hilfsbereitschaft, die er mir bisher schenkte, nur ein Tropfen auf dem ganz heißen Stein. Deshalb: Danke für alles, Jan!

Ganz lieben Dank auch, Timo Schneider, dass ich dir einige deiner Geheimnisse der Sbirolinofischerei im zeitigen Frühjahr entlocken und hier verbreiten durfte. Bleibt natürlich alles unter uns. Unter uns Anglern. Genauso, wie der tolle Tipp mit der Springerfliege von Lukas Mebert, der dieses Buch erst kurz vor Fertigstellung erreicht hat, sich für den einen oder anderen aber eines Tages ganz sicher in Form von Fisch auszahlt, wenn man es am Wasser umsetzt.

Die anderen Strippenzieher

Richtig klasse fand ich auch die Hilfestellung von Dr. Jörg Freyhof vom Leibnitz Institut für Gewässerökologie und Binnenfischerei (IGB) in Berlin, der mir eine wichtige Hilfe bei der Erstellung des Biologie-Kapitels war. Aber auch mein Rute & Rolle-Kollege Arnulf Ehrchen, Diplom Biologe, Redakteur und einer der erfahrensten Allroundangler den ich kenne, stand mir bei diesem, für mich schwierigen Kapitel, zur Seite. Und nicht nur dort: das eine oder andere Foto dieses Buches stammt aus seiner Kamera. Und sogar ein Dritter hatte bei der Biologie – und bei gemeinsamen Angeltrips – seine Finger im Spiel: Marko Freese, Fischereibiologe und Wissenschaftler am Thünen Institut in Hamburg. Zur Erinnerung: Der war es auch, durch den ich die Fängigkeit von Rattle Baits das erste Mal live vorgeführt bekommen habe.

Einen, den Sie hier gar nicht zu Gesicht bekommen haben, der mir aber bei der Recherchearbeit behilflich war, ist Matze Koch. Ja, DER Matze Koch. Oder Christopher Görg, vom Lucky Craft Team Deutschland. Der hat auch einen der vielen Fäden in der Hand gehalten, an denen die Produktion dieses Buches hing. Außerdem war da noch der eine oder andere, der ungenannt bleiben möchte. Danke, Jungs! Guido Hill, Thomas Wendt, Thomas Kemper, Peter Kersten, Dr. Mike Zöllner, Florian Meyer, Kai Lindemann, Anton Hamacher, Susanne Uhl, Volkmar Strikkers und natürlich meine beiden Kinder Dennis und Julia, sind die Namen zu den Gesichtern, in die Sie auf den Fotos dieses Buches blicken. Klasse, dass ich euch hier alle zeigen darf – wir sollten mal wieder gemeinsam angeln gehen. Überhaupt: Ohne mein reichhaltiges Fotoarchiv, in dem sich inzwischen viele Tausend Angelbilder angesammelt haben, wäre dieses Projekt niemals in so kurzer Zeit realisierbar gewesen. Über einen Besuch auf meiner Webseite und einem Feedback zu diesem Buch, freue ich mich riesig. Schauen Sie gerne vorbei unter: www.angelfoto-archiv.de

Eine große Hilfe in meiner Fischerei und zur Fertigstellung dieses Werkes war in den letzten Jahren die Hardy & Greys GmbH, die mich nicht nur mit exklusivem Angelgerät tatkräftig unterstützt. Die tolle Zusammen„arbeit" mit Stefan Meyenburg und Michael Unger von Hardy & Greys ist von Vertrauen und Offenheit geprägt, was ich sehr, sehr schätze. Ein großes Dankeschön dafür!

Weitere Supporter für dieses Buch waren die Firmen Shimano, Cebbra, Illex und Think Big, ohne deren Hilfe viele tolle Bilder (und Fänge) nicht zustande gekommen wären. Ich weiß diese Unterstützung sehr zu schätzen. Klasse!

Florian Läufer

SERVICE

An dieser Stelle nenne ich Ihnen Hersteller und Bezugsquellen zu den meisten im Buch vorgestellten Gerätschaften und Ködern.
Stand: September 2012

Ruten

Ich verwende ausschließlich Greys-Ruten zum Rapfenangeln, die an den Fachhandel über Hardy & Greys geliefert werden. Internet: www.greysfishing.com
Meine Lieblingsruten sind: Greys GRXi Spin, 9', 15 bis 35 Gramm; Greys Prowla Platinum Spezialist Lure, 7', 20 bis 45 Gramm und Greys Prowla Platinum Spezialist, 9', 20 bis 50 Gramm (sehr harte Rute, die mit Middy Feeder Links als Puffer gefischt werden sollte.)

Rollen

Hier verwende ich Rollen von Shimano im mittleren Preissegment. Lieferer an den Fachhandel ist Shimano. Internet: www.shimano.com
Modelle: Shimano Rarenium CI4 2500 FA, Shimano Technium 2500 FA und Shimano Biomaster 1000 FB (Nahbereich)

Schnur

Power Pro mit Durchmessern zwischen 0,08 bis 0,14 Millimetern in auffälliger Farbe. Lieferer an den Fachhandel ist Shimano. Internet: www.Shimano.com
Gigafish Powerline in gleicher Stärke und auffälliger Farbe. Direkt erhältlich bei www.gigafish.de
Berkley Whiplash Crystal im Durchmesser um 0,10 Millimeter. Diese Schnur fällt recht dick aus. Lieferer an den Fachhandel ist Pure Fishing. Internet: www.berkley-fishing.de

Vorfach

Greys Prowla Fluorocarbon in Durchmessern zwischen 0,25 bis 0,38 Millimeter – je nach Ködergröße und erwarteter Fischgröße. Lieferer an den Fachhandel ist Hardy & Greys. Internet: www.greysfishing.com

Kleinteile

Wirbel: Greys Prowla Rolling Swivel Größe 6 und 8. Lieferer an den Fachhandel ist Hardy & Greys. Internet: www.greysfishing.com

Einhänger: Rosco DuoLock Snaps Größe 1 und 2. Direkt erhältlich bei www.camo-tackle.de

Middy Feeder Links als Puffer beim Einsatz härterer Ruten. Der Einhänger am Wirbel sollte mit einer Zange entfernt werden. Direkt erhältlich zum Beispiel bei www.friedfischen.de

Rig Rings zum unauffälligen Verbinden der Hauptschnur mit dem Vorfach sind im Handel im Karpfenzubehör erhältlich.

Köder

Hersteller	Köder	Direkt erhältlich bei	Lieferer an den Fachhandel	Zusatzinfos
Bass Assassin	Sea Shad	www.camo-tackle.de	Camo-tackle Internet: www.camo-tackle.de	
Bassday	Range Vib	www.easttackle.com		Japanischer Köderhersteller dessen Webseite nur in Landessprache verfügbar ist
Berkley	Ripple Shads		Pure Fishing Deutschland GmbH Internet: www.berkley-fishing.de	
Devon	Cyclop, Phantom, Strekosa, Shmel, Glisser, Kolibri		Think Big Internet: www.thinkbig-online.de	
Illex	Chubby, Colt-minnow, Squad Minnow, Squirell, Water Monitor, TN 70, SK-Pop		Illex / Sensas SA Internet: www.illex.fr	
Kinami Baits	Rattle Flash			In Deutschland nicht erhältlich. Infos unter: www.kinamibaits.com

Hersteller	Köder	Direkt erhältlich bei	Lieferer an den Fach-handel	Zusatzinfos
Lucky Craft	Bevy Shad, Pointer, LVR D-10, G-Splash		Cebbra GmbH Internet: www.cebbra.de	
Lunker City	Swimfish	www.camo-tackle.de	Camo-tackle Internet: www.camo-tackle.de	
Megabass	Zonk, Longcast Minnow		Daiwa-Cormoran Sport-artikelvertriebs GmbH Internet: www.daiwa.de	
Rapala	Countdown, Joint-ed, Shallow Shad Rap, X-Rap Shad Shallow, Clackin' Rap, Skitter Pop, Skitter Prop		Shimano Germany Fishing GmbH Internet: www.shimano.com	
Salmo	Butcher, Minnow, Thrill, Slider,		Think Big Internet: www.thinkbig-online.de	
Savage Gear	Prey Lure		Svendson Sport Deutschland Internet: www.savage-gear.com	
Spro	ASP Jggin' Spin-ner, Aruku Shad		Spro Deutschland GmbH Internet: www.spro.de	Inzwischen haben viele Anbieter diesen Köder-typen in abgewandel-ter Form im Programm
Storm	FlutterStick MadFlash, Rattlin' Chug Bug		Shimano Germany Fishing GmbH Internet: www.shimano.com	

Landehilfe

Händler, die den Original Boga Grip im Programm haben, können über www.bogagrip.com ausfindig gemacht werden. In Deutschland ist dies zum Beispiel Cebbra Fishing International (www.cebbra.de). Inzwischen sind aber viele Nachbauten erhältlich, die nur einen Bruchteil des Originals kosten. Ich verwende ein einfaches Modell von Iron Claw. www.iron-claw.de

Die Wahl der Spezialisten.

Auf Rapfen und andere Spezies - praxisbewährt, zuverlässig und mit hohem Spaßfaktor !

Das Verlagsprogramm

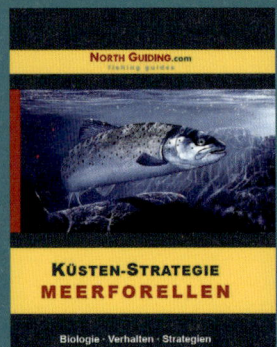

Küsten-Strategie
Michael Zeman / Heiko Döbler
ISBN 978-3-942366-00-7
Hardcover, 200 S., € 24,95

Fluss-Strategie
Michael Zeman / Heiko Döbler
ISBN 978-3-942366-01-4
Hardcover, 224 S., € 24,95

Island
Fliegenfischen auf Lachs & Co.
Hartmut Kloss
ISBN 978-3-942366-21-2
Hardcover, 176 S., € 24,95

Meerforelle an der Küste – Band I
Thomas Vinge
ISBN 978-3-942366-24-3
Hardcover, 192 S., € 29,95

Meerforelle an der Küste – Band II
Thomas Vinge
ISBN 978-3-942366-25-0
Hardcover, 224 S., € 29,95

NORTH GUIDING.com

hat es sich zur Aufgabe gemacht, eine neue Generation Angelführer und Angelbücher von überdurchschnittlicher Qualität zu verlegen.

Im Vordergrund steht eine hohe Qualität, spürbarer Nutzen für den Leser aber auch Lesespaß. Dazu hat der Verlag ein hochkarätige Team von Experten eingebunden. Alles rund um das North Guiding-Team und das Verlagssortiment finden Sie im Internet / Onlineshop:

www.North-Guiding.com

Wolfsbarsch – Erfolgreiche Angeltechniken und Plätze
Robert Staigis
ISBN 978-3-942366-22-9
Hardcover, 200 S., € 24,95

Erfolgreich mit der Zweihand
Bernd Kuleisa
ISBN 978-3-942366-23-6
Hardcover, 176 S., € 24,95

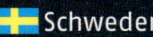 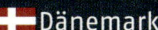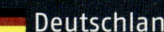
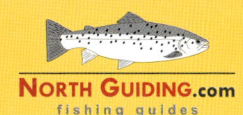

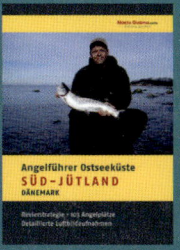

ÜBER DEN AUTOR

„Tunnelblick" fällt häufig als erstes Wort, wenn es um **Florian Läufers** Angelleidenschaft geht. Da, wo viele am anderen Ende ein helles Licht wahrnehmen, sieht er vor allem eines: Fische. Und dabei ist ihm vollkommen egal, ob es sich um große oder kleine, um Räuber oder Friedfisch handelt – er mag sie alle. Die Spezialisierung auf nur eine Fischart käme ihm niemals in den Sinn. „Viel zu langweilig! Irgendwann wäre alles nur noch reine Wiederholung." so der 42-jährige. Wer jetzt einen eigenbrödlerischen Einzelgänger erwartet, irrt. Denn neben seiner Familie und dem Fischen interessiert Florian sich für die Fotografie und das Reisen.

Schwer, alles unter einen Hut zu bekommen? Ganz sicher! Florian löst es so, dass er in den letzten zwanzig Jahren einfach alles miteinander verflochten hat. Mit der Angelrute in der einen und dem Fotoapparat in der anderen Hand, hat es ihn bisher auf fünf Kontinente verschlagen.

Vor der Haustür geht er kaum anders vor: Im Frühjahr auf Karpfen und Schleie, im Sommer auf Rapfen und Wels, im Herbst warten dann schon Hecht, Zander und Barsch auf ihn. Bei aller Vielfalt versucht Florian alle Angelarten auf hohem Niveau auszuüben – wie auch das Fotografieren und Schreiben. Seit 1994 veröffentlicht er Fotos und Texte in europäischen Angelmagazinen. Mehrere Bücher sind seiner Feder entsprungen und mit seinem umfangreichen Bildarchiv ist er heute einer der besten Angelfotografen Deutschlands.